谢晶 廖彰嘉 著

教师职业压力管理：基于正念干预的视角

·广州·

版权所有　翻印必究

图书在版编目（CIP）数据

教师职业压力管理：基于正念干预的视角/谢晶，廖彰嘉著． -- 广州：中山大学出版社，2024.9． -- ISBN 978 - 7 - 306 - 08195 - 7

Ⅰ．G443

中国国家版本馆 CIP 数据核字第 2024AY6683 号

出 版 人：	王天琪
策划编辑：	谢贞静　陈文杰
责任编辑：	高　莹
封面设计：	曾　婷
责任校对：	廖翠舒
责任技编：	靳晓虹
出版发行：	中山大学出版社
电　　话：	编辑部 020 - 84110283，84113349，84111997，84110779，84110776
	发行部 020 - 84111998，84111981，84111160
地　　址：	广州市新港西路 135 号
邮　　编：	510275　　　　传　真：020 - 84036565
网　　址：	http://www.zsup.com.cn　　E-mail:zdcbs@mail.sysu.edu.cn
印 刷 者：	广东虎彩云印刷有限公司
规　　格：	787mm×1092mm　　1/16　　11.25 印张　　260 千字
版次印次：	2024 年 9 月第 1 版　2024 年 9 月第 1 次印刷
定　　价：	50.00 元

如发现本书因印装质量影响阅读，请与出版社发行部联系调换

本书是湖南省社科基金教育学专项课题"湖南省中小学教师职业压力状况调查与应对策略研究"(课题批准号：JJ194286)成果。

前　　言

在生活节奏日益加快以及数字技术、移动通信和互联网等新媒体技术推广和应用的今天，人们对教育不断提出新的要求。教师因其职业的独特性，承受着来自自身工作负荷、专业发展、学校考评、社会评价、学生学业、行为问题等各方的压力。不可否认，教师在教育工作中有适当压力是合理的，这在一定程度上可激发教师工作潜力和提升工作效率。但是，当教师压力过大、过重、过多时，会对教师身心健康带来不利影响，如在心理上易出现焦虑、压抑、疲惫、沮丧等消极情绪，进而间接对学生、学校以及社会产生消极影响。当前，教师职业压力问题已成为一个引起社会普遍关注的重要议题。新时代加强教师压力管理，提升教师抗压能力，帮助教师积极有效应对各种压力情境显得尤为必要和迫切。那么，教师压力来自哪里，有何特征？教师对自身压力管理的现状如何，存在哪些问题？教师能否在压力来临时意识到压力的存在，又如何与之相处？教师应该怎样来进行压力管理呢？诸如此类的问题不仅是中小学校面临的亟待解决的现实问题，也是摆在教育理论工作者面前迫切需要解决的重要课题。

作为一种心理健康和情绪调节的手段，正念干预在缓解教师职场焦虑、提升教师压力管理能力、培养教师正向情绪等方面有积极作用。鉴于此，本书在深入探讨教师职业压力内涵与特点的基础上，横向比较不同国家教师职业压力的普遍特征，重点考察和分析我国中学教师职业压力的现状、困境、原因和影响，创新性地将正念干预作为一种教师压力管理的新型方法，以转变传统的减压方式。继而，在合理借鉴和运用相关正念理论和方法的基础上，根据中学教师的实际情况和现实需要，设计正念干预方案，开展正念干预实验，举办正念教育论坛，探讨正念干预对教师压力管理的影响和策略，并就正念干预如何帮助教师进行压力管理提出相关建议。在书中我们还介绍了正念练习的不同方式和引导语言，同时也分享了教师在练习过程中的真实感受，供阅读者自我体验和参考。总体而言，本书将宏观分析与微观剖析、理论探讨与实证研究相结合，从正念干预的角度，对教师职业压力问题进行了深层次的解读和实践，不仅拓展了正念干预的应用领域及其成效，也丰富了正念干预的理论成果，同时为学校教师压力管理和教师自我压力管理提供了新的思路和有效路径。

本书从选题构思到撰写完成、定稿出版，得到了许多专家、学者、同事的支持和帮助，在此表示衷心的感谢。感谢华中师范大学涂艳国教授、衡阳师范学院唐芳贵教授、华中师范大学罗儒国教授的悉心、耐心指导与帮助，感激之情无以言表，唯有不忘初心、砥砺前行，不负厚望。感谢湖南理工学院教育科学学院刘理院长、创新创业处薛静处长的大力支持。中国人民大学出版社符水莲老师，中山大学出版社谢贞静、高莹编辑为本书的顺利出版付出了辛勤的劳动，在此表示感谢。在此，还要特别感谢与我们一同踏上正念之旅的朋友们，他们是睿觉心理咨询刘颖老师、一心正念胡谦老师、武汉学有径教育陈发智老师、广州市育才中学王伟琼老师、郑州外国语学校李一凡老师、湖南民族职业学院汤理老师、天津市微山路中学杨德华老师、厦门第十中学徐杰老师、长沙同升湖实验学校王梓霖老师、岳阳市花板桥小学陈亮老师、郴州市鹿峰中学肖萍华老师……他们的参与，使得这项研究不仅仅停留在理论层面，而且通过实践被赋予了鲜活的生命力。他们所分享的每一个心路历程、每一次体验的起伏，为我们提供了宝贵的数据和深刻的洞见，让我们得以窥见正念实践背后的丰富多彩和复杂性。特别是看到他们由于正念而在生活、情绪和工作中发生的变化，我们感到十分欣慰。我们共同希望能够将正念的益处传递给更多教师，以帮助他们减轻压力，调节身心健康，收获幸福富足的人生。

由于作者能力水平有限，书中难免存在遗漏和不足之处，敬请读者批评、指正！

目　　录

第一章　绪　　论 ………………………………………………………… 1
　　第一节　研究背景及意义 ………………………………………………… 1
　　第二节　研究综述 ………………………………………………………… 3
　　第三节　研究思路与方法 ………………………………………………… 27

第二章　教师职业压力概述 ……………………………………………… 29
　　第一节　教师职业压力的内涵与特征 …………………………………… 29
　　第二节　教师职业压力产生的原因 ……………………………………… 39
　　第三节　教师职业压力的影响 …………………………………………… 42

第三章　教师职业压力的现状 …………………………………………… 50
　　第一节　教师职业压力的国际特征 ……………………………………… 50
　　第二节　我国教师职业压力现状 ………………………………………… 53

第四章　正念干预教师职业压力的模式分析 …………………………… 57
　　第一节　正念及正念干预 ………………………………………………… 57
　　第二节　正念干预的典型模式：正念减压疗法 ………………………… 62
　　第三节　正念减压疗法作用机理 ………………………………………… 77

第五章　正念干预实验及其效果 ………………………………………… 83
　　第一节　实验的设计与实施 ……………………………………………… 83
　　第二节　实验结果 ………………………………………………………… 91

第六章　正念干预教师职业压力的策略 ………………………………… 121
　　第一节　加强正念教师培养与培训 ……………………………………… 121
　　第二节　创设正念型学校文化氛围 ……………………………………… 124
　　第三节　建构正念训练的支持系统和保障机制 ………………………… 126
　　第四节　营造正念家庭文化环境 ………………………………………… 128

参考文献 ………………………………………………………… 131

附　录 …………………………………………………………… 144
　　附录一 ………………………………………………………… 144
　　附录二 ………………………………………………………… 153
　　附录三 ………………………………………………………… 158
　　附录四 ………………………………………………………… 162
　　附录五 ………………………………………………………… 163
　　附录六 ………………………………………………………… 164
　　附录七 ………………………………………………………… 167
　　附录八 ………………………………………………………… 170
　　附录九 ………………………………………………………… 171

第一章　绪　　论

第一节　研究背景及意义

一、问题的提出

当代教师生活在一个压力不断增加的世界，关注教师生存现状，促进教师身心健康发展已成为教育界普遍关注的重要议题。教师作为知识的传递者、价值观的塑造者和学生全面发展的指导者，肩负着重要的社会责任。教师也因其职业的特殊性，承受着来自社会、学校和自身等各方面的压力。虽然适当的工作压力可以激发个人潜力并保持团队的活力与竞争力，但当压力过度，甚至打破个体身心平衡状态时，压力的负面影响，如生理耗竭、情绪疲惫、职业倦怠等便会接踵而至。教师职业压力和由此带来的心理健康问题，不仅不利于教师自身的身心健康和教育事业的发展，还会对教学质量及学生成长发展带来消极影响。

2019 年中共中央、国务院印发《关于减轻中小学教师负担进一步营造教育教学良好环境的若干意见》，指出"要进一步营造全社会尊师重教的浓厚氛围，为教师安心、静心、舒心从教创造更加良好环境"。随后全国各省（市、自治区）均依据文件精神出台了相应政策，为减轻教师压力采取一系列措施。2023 年全国两会期间，中国民主促进会中央委员会向全国政协十四届一次会议再次提交《关于进一步减轻义务教育教师负担的提案》，然而教师负担问题依旧未能得到根本解决，很多教师仍然承担着繁重的责任和压力。[①]

所幸的是，正念由于具有促进个体情绪调节和增进身心健康等方面的诸多成效，日益为各界研究者所重视。美国麻省理工学院分子生物学博士、马萨诸

---

① 澎湃新闻：《呼吁进一步减轻义务教育教师负担，民进中央提案提出这些建议》，见中华人民共和国教育部政府门户网站（http://www.moe.gov.cn/jyb_xwfb/xw_zt/moe_357/2023/2023_zt02/jysy/jysy_djta/202303/t20230302_1048737.html）。

塞州医学院荣誉医学博士卡巴金（Kabat-Zinn）于1979年在马萨诸塞大学医学院开设减压诊所，他首次将正念应用于患有抑郁症患者的治疗实践，帮助病人以正念减压的方式处理压力、疼痛和疾病。经过四十年的发展，正念跨越不同文化和国界，被越来越多的人所接受和练习。正念在西方社会得到迅速发展，从最初的医疗领域逐渐扩展到心理治疗、体育、商业以及教育等各个领域。从硅谷的科技公司到顶级的运动团队，从学校教室到医院治疗室，正念正在影响着每个人的生活方式，促进着社会的整体健康与和谐。

二、研究意义

（一）理论意义

一是丰富正念干预的理论研究成果。通过对正念内涵阐释及其相关概念的梳理，设计教师正念干预方案，探讨正念干预如何帮助教师释放压力、提升教师的压力管理能力。这不仅可以拓展正念干预的应用领域及其成效，还进一步丰富了正念干预的理论成果。二是拓展和丰富教师压力管理的研究成果，为教师压力管理提供新的路径。

（二）实践意义

（1）为教师实现自我压力管理、创建美好生活提供参考意见。正念干预通过"内观"的方式观照自我内在的需要和生命体验，以应对当代社会普遍焦虑和集体浮躁。因此，本研究探讨正念干预之于教师自我压力管理的必要性、可行性，正念干预应用于教师压力管理的目标、程序、步骤、方法及其效果等系列问题，不仅为教师自我压力管理提供有效策略，而且有助于减少教师的消极生活情绪，从而为创建教师美好生活奠定基础。

（2）为教师的压力管理提供新的理念参照和实践指导。在新时代，加强教师的压力管理、有效缓解教师压力是教师队伍建设的重要内容。本研究针对教师压力问题，结合教师的现实需求，设计正念干预方案，为中小学教师管理提供有效的正念训练方法，帮助学校提升教师压力管理能力和压力管理成效，不断丰富和创新教师压力管理策略。

第二节 研究综述

一、关于正念干预的研究

(一) 关于正念干预的内涵研究

正念起源于佛教禅修,其梵文"smrti"指的是觉察、专注和忆念,而其巴利语"vipassana"意思是为了观察某个对象而深入其中。[①] 从20世纪70年代开始,正念逐渐吸引心理学界和医疗专业人士的兴趣。这一时期出现了许多针对正念的实证研究,并且研究者们开始形成更为具体的定义。但是不同国家的研究人员对正念的科学概念有着各自的理解,其概念随着正念实践的经验而演变。格隆布(Glomb)将正念定义为"以可接受的注意力和对当下事件和经验不加评价、判断和认知过滤的觉知为特征的一种意识状态"[②]。卡巴金则将正念定义为"一种有意识的、不加评判的、对当下的注意"[③]。卫克(Weick)认为正念是一种能够抓住当前的事物,记住它们,不会因为分心、走神、联想思维、解释偏离或排斥而忽略它们的能力。[④] 刘兴华等则根据实践经验提出"'此刻觉察'正念训练",关键词是觉察、此刻、接纳,即对于当下的觉察与接纳[⑤]。段文杰对正念进行了具体的操作性阐述,认为其核心在于主动地调转注意力,从惯性的内在思维转向当下的体验,并采取一种好奇、开放和接受的姿态。[⑥] 汪芬和黄宇霞的观点是,正念既是一种以非评判方式关注当前时刻的独特存在方式,也可以被视为一种独有的认知状态或心理活动。[⑦] 根据以上文

[①] 西格尔:《正念之道:每天解脱一点点》,李迎潮、李孟潮译,中国轻工业出版社,2011,第47-49页。

[②] Glomb T M., "Mindfulness at work," *Research in Personnel and Human Resources Management* 30 (2011): 115-157.

[③] 乔·卡巴金:《正念:此刻是一枝花》,王俊兰译,机械工业出版社,2018,第65页。

[④] 张静:《正念与领导力》,经济管理出版社,2019,第17页。

[⑤] 刘兴华、徐钧、张琴等:《"此刻觉察"正念训练的定义、操作及可行性》,《中国健康心理学杂志》2016年第24卷第8期,第1224-1229页。

[⑥] 段文杰:《正念研究的分歧:概念与测量》,《心理科学进展》2014年第22卷第10期,第1616-1627页。

[⑦] 汪芬、黄宇霞:《正念的心理和脑机制》,《心理科学进展》2011年第19卷第11期,第1635-1644页。

献回顾,总的来说,研究者们根据不同维度提出了不同的见解,但大部分关于正念的研究包含以下四个因素:觉察、注意的保持、聚焦当下、不评判的接纳。

正念干预是以正念的核心理论和技术为基础,辅以心理治疗方法,进而达到身心和谐的干预体系。卡巴金将其引进心理治疗领域并加以发展,逐渐形成以正念为基础的正念认知疗法和辩证行为疗法等,被誉为"行为与认知疗法的第三次浪潮"[①]。正念干预也称作正念疗法,主张以一种开放的、接纳的、顺其自然的态度来对待当下的情境和病症,从而提升个体在日常生活中的正念倾向,并且通过正念训练提升特质正念水平。[②] 正念干预不仅对病患有显著疗效,对健康人群也有诸多益处,个体通过多种正式练习和非正式练习方式帮助减缓压力、提高专注力、增强心理韧性与复原力,从而提高生活质量和工作效率,增进主观幸福感。目前主要有正念减压疗法(mindfulness-based stress reduction,MBSR)、正念认知疗法(mindfulness-based cognitive therapy,MBCT)、接纳与承诺疗法(acceptance and commitment therapy,ACT)、辩证行为疗法(dialectical behavior therapy,DBT)等正念干预疗法,见表1.1。

表1.1 正念干预疗法

名称	内容	授课方式	时间	主要作用
正念减压疗法(MBSR)	躯体扫描、静坐观呼吸、行禅、瑜伽练习等	团体授课 全天静修 家庭作业	八周	以正念禅修处理个体压力、疼痛和疾病,练习用正念来面对生活和处理生活中的事物
正念认知疗法(MBCT)	包括静坐冥想和行禅、身体扫描、三分钟呼吸、认知记录等练习	团体授课 全天静修 家庭作业	八周	主要用于抑郁症、焦虑症、深交恐惧症、压力障碍等的治疗
接纳与承诺疗法(ACT)	接纳、认知解离、关注当下、观察自我、明确价值、承诺行动	团体授课	八周	主要用于广泛性焦虑、强迫症、药物滥用、创伤后应激障碍、抑郁症问题等

---

① 冯宇、段文杰:《学校正念干预的基本形式及特点》,《中国临床心理学杂志》2017年第25卷第5期,第991—994页。

② Davidson R J and Kaszniak A W, "Conceptual and methodological issues in research on mindfulness and meditation," *The American Psychologist* 70, no. 7 (2015): 581–592.

续表

名称	内容	授课方式	时间	主要作用
辩证行为疗法（DBT）	情绪调节、容忍痛苦、社交技巧、自我管理、目标设定、情绪表达	团体授课 个人心理治疗 电话咨询 治疗师团体会议	一年左右	主要用于边缘性人格障碍、进食障碍、高自杀风险、双相障碍的治疗

除以上正念干预疗法外，还包括正念饮食觉察训练（mindfulness-based eating awareness training，MB-EAT）、正念防复发疗法（mindfulness-based relapse prevention，MBRP）、正念癌症康复训练（mindfulness-based cancer recovery，MBCR）、正念分娩训练（mindfulness-based childbirth and parenting，MBCP）、正念艺术疗法（mindfulness-based art therapy，MBAT）、正念体悟疗法（mindfulness experiential insight therapy，MEIT）、正念老人照顾训练（mindfulness-based elder care，MBEC）、正念慢性疼痛控制训练（mindfulness-based chronic pain management，MBCPM）、正念觉察训练（mindful awareness practices，MAPs）等。

概括而言，正念干预最初源自东方佛教，并逐渐在西方演变为一种有效的心理治疗技术，其核心要素在于培育开放和非评判的态度，使练习者对当前的体验保持好奇心与接纳感。这种干预技巧虽然源于佛教，但实施时不涉及宗教信仰或仪式，适用于不同文化背景下的个体。

（二）关于正念干预的作用机制研究

传统的正念干预往往是团体活动且需要有资质的引导者进行引领，如何将正念方法实操化并结合实际情况来提升身心健康，是一个值得深入研究的课题。正念疗法对人的作用机制十分复杂，不同学者试图从不同的维度去对正念干预疗法的作用机制加以阐述。

正念训练与认知行为疗法（cognitive behavior therapy，CBT）发挥作用的机制都是通过注意力训练，促使练习者在认知水平上发生改变，使自己的感觉、思想和情绪始终暴露于自我的认知中，从而通过这种持续的暴露实现对条件反射脱敏，进而减少回避行为。正念训练更加侧重暴露、认知改变、自我管理、放松和接纳五个作用要素。[①] 夏皮罗（Shapiro）等试图从元认知的角度去解释正念的作用机制，再感知模型再感知是正念发挥作用的元机制，再感知模

---

① Baer R A, "Mindfulness training as a clinical intervention: a conceptual and empirical review", *Clinical Psychology: Science and Practice* 10, no. 2 (2003): 125–143.

型包含意图、注意、态度三要素,其作用机制有四个指标,即自我调节与自我管理、价值澄清、灵活性和暴露。[1] 与之相对的是,我国学者翟成等认为正念训练中认知转变机制是以元觉知为元机制,包括四个维度,即对注意的控制、接纳的态度与反应灵活性、动态的自我以及对价值观的反思。[2]

作为一种心理特质,正念疗法的作用程度与幸福感知指数有关。这种说法与马林诺夫斯基(Malinowski)等提出的正念作为一种心理特质,其机制能预测更强的幸福感及工作卷入度有很大的相似性。之后对正念机制的研究维度主要集中在人的注意、情绪与认知等方面上,如霍尔泽尔(Holzel)等总结出的正念冥想的四个要素,即注意调节、身体意识、情绪调节和自我观的改变。西尔伯斯维(Silbersweig)指出正念的作用机制为意图与动机、注意调节、情绪调节、记忆消逝与重组、亲社会性以及无执与去中心化等。这种基于人的注意、情绪与认知的研究在我国也被很多心理学家用于解释正念疗法的作用机制,如黄明明和陈丽萍提出的正念通过感知变化影响注意力、思维模式以及情绪调节过程来最终作用于情绪状态的改变,岳瑞珍等提出的正念是通过作用于人的再感知、自我调节、价值澄清、认知、情绪和行为的灵活性以及暴露来起作用,这些解释都基于注意、情绪等维度。[3][4] 刘兴华等提出的"此刻觉察"正念训练也是基于此角度来阐述的。目前基于心理维度研究正念的作用机制绝大多数都集中在自我意识与自我管理这两个维度上。[5] 此外,国内外诸多学者认为正念作用的关键因素是注意与接纳的态度,但缺乏对于正念注意与接纳的具体的定义与操作。[6]

随着科学技术的发展,人们对正念作用机制的研究进一步丰富,如王艳梅通过现代影像学技术(magnetic resonance imaging,MRI)发现常规的正念训练可以引起大脑海马体等相关脑区中的脑灰质密度增加,从而改变大脑结构。[7] 孙莎莎等也发现经历过正念训练的人其前额叶的低频振幅与情绪控制能力呈正

---

[1] Shapiro S L, Carlson L E, Astin J A, et al, "Mechanisms of mindfulness," *Journal of Clinical Psychology* 62, no.3 (2006): 373–386.

[2] 翟成、盖笑松、焦小燕等:《正念训练中的认知转变机制》,《东北师大学报》2016年第2期,第182–187页。

[3] 黄明明、陈丽萍:《正念的心理机制研究综述与展望》,《萍乡学院学报》2017年第34卷第1期,第94–97页。

[4] 岳瑞珍、杨霞:《正念冥想相关的综述研究》,《科教文汇》2017年第33期,第130–131页。

[5] 刘兴华、徐钧、张琴等:《"此刻觉察"正念训练的定义、操作及可行性》,《中国健康心理学杂志》2016年第24卷第8期,第1224–1229页。

[6] 张瑶瑶、郭成、袁宏等:《正念对压力的影响——基于监控与接纳理论》,《心理科学》2022年第45卷第6期,第1492–2499页。

[7] 王艳梅:《积极情绪的力量》,上海教育出版社,2020,第306页。

相关。① 此外，廖艳辉利用现代分子生物学技术发现正念练习可以促进基因的正常表达。② 这些科学技术的发展都为正念作用机制的研究拓宽了路径，从而将正念作用机制的研究方法从传统的心理学研究方法拓展到神经生理学、神经影像学以及分子生物学等学科上。

（三）关于正念干预的应用研究

1. 精神与心理健康领域的正念研究

2002 年世界卫生组织（World Health Organization，WHO）提出，健康不只是没有生理疾病，亦涵盖心理与社会层面的健康。学习正念可减少身体疼痛感、负面情绪经验，促进人际关系的建立，其涵盖了生理、心理与社会层面的健康。

在医学领域，诸多研究显示，正念对人的身体和心理健康均会产生广泛的积极影响。首先，在缓解医疗人员职业倦怠方面，研究指出正念在护士职业倦怠③和主观幸福感④等方面都具有积极的调节作用。正念减压课程可以帮助医务人员减轻压力、缓解焦虑、预防和缓解职业倦怠的发生。⑤ 同时，王紫合等通过总结和整理正念训练在医生群体中应用的文献，发现正念训练不仅能够提升医生的幸福感和减少负面情绪，缓解职业倦怠，而且还能够增强医生的临床技能。⑥ 其次，从实证医学的角度看，研究发现正念干预应用于癌症康复有积极结果，具体改善体现在心理健康、癌症相关症状与生理指标等方面。⑦ 正念

---

① 孙莎莎、李小兵、李宝山等：《正念维持适应的机制：来自心率变异性自相似的初步证据》，《心理学报》2018 年第 50 卷第 12 期，第 1413-1427 页。
② 廖艳辉：《正念的科学性研究》，《国际精神病疾病杂志》2018 年第 45 卷第 5 期，第 769-771、774 页。
③ 曾巍、钱小芳：《正念对护士职业倦怠与主观幸福感的中介及调节作用》，《护理学杂志》2017 年第 32 卷第 2 期，第 73-76 页。
④ 杨芳、王洁、赛金萍：《正念减压疗法对护士压力及幸福感的影响》，《护理学杂志》2017 年第 32 卷第 5 期，第 11-14 页。
⑤ 孙玉静、杨洁、林梓洵等：《正念减压疗法对医务人员职业倦怠和心理健康的干预效果分析》，《中国医院》2022 年第 26 卷第 5 期，第 52-55 页。
⑥ 王紫合、吴尚兴、厉伟等：《正念训练在医生群体中应用的研究进展》，《中国临床心理学杂志》2023 年第 31 卷第 6 期，第 1536-1540、1524 页。
⑦ 生媛媛、刘惠军、何欣嘏：《正念干预在癌症康复中的临床应用》，《心理科学进展》2017 年第 25 卷第 12 期，第 2124-2135 页。

干预尤其能缓和糖尿病①、冠心病②、乳腺癌③、宫颈癌④、女性绝经综合征⑤等病症期间产生的焦虑、抑郁等不良情绪,提高患者的生存质量,促进其积极恢复。最近,一项针对乳腺癌和前列腺癌患者的一年随访研究发现,接受正念干预的癌症患者的皮质醇水平持续下降(皮质醇水平与压力症状相关),且免疫系统在持续调节。⑥ 此外,针对正念减压疗法改善癌症患者睡眠质量效果的评估也获得了可喜的结果,根据匹兹堡睡眠质量指数评估结果,参与者的整体睡眠障碍显著减少,主观睡眠质量提高,且在课程结束后参与者反馈每晚平均多睡1小时,这被认为具有临床意义。⑦ 同时,研究显示,对产妇进行正念干预可以改善产妇紧张焦虑的情绪,缓解其分娩压力,促进自然分娩以及改善产后抑郁患者的负面情绪。⑧⑨ 正念分娩疗法也有助于提高产妇睡眠质量,减轻分娩时疼痛。⑩

在精神心理领域,有关精神调查的结果显示,我国心境障碍患病率高达4.06%,其中抑郁障碍3.59%,焦虑障碍4.98%。⑪ 美国DSM-V列出抑郁症的临床表现有心境低落、兴趣或愉快感缺乏、精力减退或易疲乏感等。很多焦虑障碍患者也存在抑郁情绪,症状严重的患者还有自杀的风险。如何有效治疗焦虑症和抑郁症,对国民身心健康具有重要意义。目前临床常用的药物治疗并不能缓解某些患者的焦虑、抑郁症状。所以如何有效治疗焦虑、抑郁的症状,同时又提高治疗依从性、降低复发率,是焦虑、抑郁障碍治疗的难题,也是目

---

① 汪敏、李丹丹、顾敏杰等:《正念及自我控制在糖尿病患者自我损耗与健康促进间的中介效应》,《护理学杂志》2019年第34卷第24期第26-28、63页。
② 于文静、刘华雪、张爱华:《正念疗法对冠心病病人干预效果的Meta分析》,《护理研究》2018年第32卷第8期,第1211-1217页。
③ 徐东升、赵慧玲、马筱慧等:《基于正念认知疗法的心理护理干预对乳腺癌化疗患者焦虑、抑郁及生存质量的影响》,《中国老年学杂志》2019年第39卷第23期,第5854-5857页。
④ 苏建萍、彭青、林丽等:《正念认知疗法对宫颈癌术后化疗期患者心理痛苦程度的影响》,《中国护理管理》2019年第19卷第8期,第1226-1231页。
⑤ 赵迪、冯秀娟、侯芳艳等:《山东农村中年女性绝经综合征与生殖衰老分期、人格和正念的关系》,《山东大学学报》2019年第57卷第12期,第92-96页。
⑥ 俞文兰:《职业危害与女性生殖健康》,中国环境科学出版社,2014,第134页。
⑦ 法布里奇奥·迪唐纳:《正念疗法:认知行为疗法的第三浪潮》,张海音译,中国工信出版社,2022,第371页。
⑧ 张英:《对产妇调节自我效能感及其正念干预的效果分析》,《医学理论与实践》2014年第13期,第1811-1812页。
⑨ 张雪莲、汪燕妮、李英等:《正念与情绪调节对孕产妇亚临床抑郁症状的影响》,《中国健康教育》2022年第38卷第12期,第1072-1076页。
⑩ 霍耀芳、胡雪莹、于丽燕等:《正念分娩疗法对孕期抑郁障碍情绪、睡眠及产时疼痛的影响》,《中国健康心理学杂志》2024年第32卷第4期,第514-519页。
⑪ Huang Y Q, Wang Y, Wang H, et al., "Prevalence of mental disorders in China: a cross-sectional epidemiological study," *The Lancet Psychiatry* 6, no. 3 (2019): 211-224.

前精神科医生努力的方向。而正念疗法凭借其低成本的优势作为治疗焦虑症和抑郁症的有效方式得到精神心理科医生的普遍青睐。张润琴等通过研究得出结论,正念疗法能够显著改善轻、中度焦虑抑郁患者的相关症状。① 艾玛德帕纳(Ahmadpanah)等发现药物联合正念疗法比单独使用药物治疗更能控制女性焦虑障碍者的焦虑症状。② 周永玲等将正念应用于睡眠障碍患者,发现经过4周的正念瑜伽训练干预,焦虑和抑郁情绪的量表得分明显低于干预前和对照组,可见正念能有效地缓解睡眠障碍患者的焦虑、抑郁情绪,提高患者的生活质量。③ 董亚娜等将正念减压疗法用于不孕症患者,结果表明正念减压疗法能显著缓解不孕症患者的焦虑和抑郁状态,从而提升其睡眠质量及改善其生活质量。④ 此外,研究发现,线上MBSR同样可以减轻严重精神障碍患者照料者的焦虑和抑郁水平,提高其生活质量。⑤

2. 体育运动领域的正念研究

在体育领域,许多运动员和教练员均认为正念练习可以帮助运动员在比赛中保持专注、降低焦虑、提高自信、增强心理韧性等。对高尔夫球员、射箭运动员以及跑步运动员的调查显示,通过正念可以帮助个体提高专注度、调节紧张情绪,使运动员在运动场上获得更好的成绩。世界一流网球选手诺瓦克·德约科维奇(Novak Djokovic)公开表示冥想和正念训练帮助他找到内心的平静,正念有利于他保持世界第一,他的秘密武器就是每天坐下来冥想15分钟,这也是他训练计划的一部分。⑥ 美国国家篮球协会与正念领域领先的应用软件"头脑空间"(Headspace)合作,为所有联盟和球队的员工及其家人提供正念培训,他们认为这样有助于提高运动员的成绩。⑦ 篮球运动员科比·布莱恩特(Kobe Bryant)也曾在公开场合推荐过正念冥想。⑧ 他认为冥想的目的就是以一种积极的、精神上的方式实现内心的平静和世界的平静,世界并不是一个平

---

① 张润琴、孙丽丽、史俊研:《心理治疗对焦虑症患者的临床效果研究》,《中国药物与临床》2017年第17卷第1期,第83-84页。

② Ahmadpanah M, Akbari T, Akhondi A, et al, "Detached mindfulness reduced both depression and anxiety in elderly women with major depressive disorders," *Psychiatry Research* 257(2017):87-94.

③ 周永玲、党倩男、周恩会:《正念瑜伽训练对睡眠障碍患者焦虑、抑郁情绪干预的效果研究》,《母婴世界》2020年第10卷第20期,第10页。

④ 董亚娜、郭宝中、侯晶晶:《正念减压疗法对不孕症患者的焦虑抑郁情绪和睡眠质量的影响》,《国际精神病学杂志》2020年第47卷第4期,第778-781页。

⑤ 段登艾、王海明、佟靓等:《网络正念减压疗法可改善严重精神障碍患者照料者焦虑抑郁状态及其生活质量》,《浙江大学学报(医学版)》2024年第53卷第1期,第108-115页。

⑥ 格雷格·沃姆:《本能优势》,尹楠译,湖南文艺出版社,2022,第108页。

⑦ 托马斯·特朗斯特罗姆:《正念教学法:如何在课堂上提高学生专注力和情绪管理能力》,刘白玉译,中国青年出版社,2022,第17页。

⑧ 胡斌、王锐当:《生物反馈技术及应用》,北京理工大学出版社,2020,第120页。

静的地方，在每个人的灵魂深处都会有某种紧张和压力，所以，营造一种积极而平静的心境是很关键的，这样才能给我们的内心带来平静。冥想是能够带来改变、培养内在潜力的最佳方式之一。① 从个人球员到整个团队，正念冥想已成为体育界提升性能、在高压环境中达到最佳状态、应对压力和维护心理健康的重要工具。

沃尔科（Wolch）的研究表明，一次15分钟的正念干预可以降低高压力情境下篮球罚篮者的认知焦虑和躯体焦虑。② 一次30分钟的正念干预可以对高尔夫练习者的认知功能产生积极作用。③ 长期正念干预在体育领域中的研究和应用更为常见，长期正念干预指干预时长不少于4周。斯科特汉密尔顿（Scott-Hamilton）等的研究表明，8周的正念认知行为疗法干预可以使自行车运动员在运动情景下的悲观情绪有所缓解。④ 6周的正念运动表现提升训练（mindful sport performance enhancement，MSPE）可以降低女性曲棍球运动员的焦虑程度，提升情绪调节能力，并使表现满意度有所提高。⑤ 16周的正念干预可以降低女子篮球运动员的压力感知水平。⑥ 从这些研究可以看出，运动员负性情绪的改善可能直接得益于正念干预。此外，正念干预还可以通过调节负性情绪来对其他积极效果产生正向作用，伊瓦森（Ivarsson）等的研究表明，正念干预可以通过减轻运动员对于伤病的恐惧来降低其应激水平，这也间接预防了伤病发生。⑦ 刘善杰和刘冰杰通过17项对运动员的随机对照实验发现，正念训练可以有效提升运动员的正念水平，并且在研究期间，运动员们的积极心

---

① 刘建平、沈兰军：《零压工作：构建职场幸福大厦》，中华工商联合出版社，2022，第77页。

② Wolch N J, Arthur-Cameselle J N, Keeler L A, et al., "The effects of a brief mindfulness intervention on basketball free-throw shooting performance under pressure," *Journal of Applied Sport Psychology* 33, no. 5 (2021): 510 – 526.

③ Zhu Y X, Sun F H, Li C X, et al., "Acute effect of brief mindfulness-based intervention coupled with fluid intake on athletes' cognitive function," *Journal of Sports Science & Medicine* 19, no. 4 (2021): 753 – 760.

④ Scott-Hamilton J, Schutte N S, Brown R F, "Effects of a mindfulness intervention on sports-anxiety, pessimism, and flow in competitive cyclists," *Applied Psychology: Health and Well-Being* 8, no. 1 (2016): 85 – 103.

⑤ Minkler T O, Glass C R, Hut M, "Mindfulness training for a college team: Feasibility, acceptability, and effective-ness from within an athletic department", *Journal of Applied Sport Psychology* 33, no. 6 (2021): 609 – 622.

⑥ Vidic Z, Martin M S, Oxhandler R, "Mindfulness intervention with a US women's NCAA division I basketball team: Impact on Stress, Athletic Coping Skills and Perceptions of Intervention," *Sport Psychologist* 31, no. 2 (2017): 147 – 159.

⑦ Ivarsson A, Johnson U, Andersen M B, et al., "It pays to pay attention: a mindfulness-based program for injury prevention with soccer players," *Journal of Applied Sport Psychology* 27, no. 3 (2015): 319 – 334.

理状态、生理指标、精细化动作技能的成绩均达到了大效应量。① 这说明正念的积极效用可能辐射到运动员的各个方面，对运动员的生活和训练产生综合和深远的效用。

3. 组织管理领域的正念研究

在管理领域，正念训练已成为欧美发达国家商业领域的流行风尚。为寻求持续性发展和提升员工幸福感，谷歌、通用磨坊、宝洁、普华永道、苹果公司、伦敦运输公司、德意志银行、格兰斯利康、毕马威、葛兰素史克等多家全球科技公司均引入了正念课程，通过为员工提供正念培训课程而获得了诸多商业效益。② 练习正念的企业高管也持续增多，如脸书创始人扎克伯格（Mark Zuckerberg）、苹果公司前 CEO 史蒂夫·乔布斯（Steve Jobs）、福特汽车执行董事比尔福特（Bill Ford）、哈佛商学院领导力教授比尔乔治（Bill George）、对冲基金巨头桥水公司创始人雷达里奥（Ray Dalio）、美国安泰保险金融集团 CEO 马克贝尔托利尼（Mark Bertolini）、经纬中国创始人邵亦波等商业巨头。在中国，许多高科技公司为提升管理绩效和组织应变能力，也引入了一系列的正念课程。阿里巴巴通过其"阿里健康"子品牌，为员工提供定期的正念冥想课程，并在公司内部网站上提供冥想指导音频和视频资源，还会有专门的静思室供员工使用，以及举办冥想相关的社区活动，如全员冥想日等。腾讯采取线上线下结合的方式，通过企业内部教育平台推出正念课程系列，鼓励员工在工作间隙进行冥想练习；线下则把正念主题工作坊融入企业文化节等活动，邀请心理学家和专业讲师指导员工进行正念训练。华为以其高效和奋斗的企业文化而闻名，它也引入正念作为领导力发展计划的一部分，以增进管理层的自我意识和情绪管理能力并通过正念减少员工的压力。③ 小米作为迅速崛起的科技公司，在其产品研发部门，特别是在设计实验室等创意密集的环境中设立了冥想角落，并建立与正念相关的企业文化标语和活动，以激发员工的创造力。

相关研究结果发现，正念干预训练能有效促使领导者在实际的管理中展现出更高水平的积极领导行为，诸如变革型领导行为、真诚领导行为、道德领导行为、谦逊性领导行为以及服务型领导行为。④ 华东理工大学商学院副教授、

---

① 刘善杰、刘冰杰：《正念训练对运动员运动表现相关指标影响的 meta 分析》，《中国心理卫生杂志》2024 年第 38 卷第 4 期，第 368 - 376 页。

② 托马斯·特朗斯特罗姆：《正念教学法：如何在课堂上提高专注力和情绪管理能力》，刘白玉译，中国青年出版社，2022，第 17 页。

③ 邹洁：《正念型领导对组织成员韧性的影响研究》，重庆大学，硕士学位论文，2022 年，第 39 页。

④ Baron L, "Authentic leadership and mindfulness development through action learning," *Journal of Managerial Psychology* 31, no. 1 (2016)：296 - 311.

正念研习社创始人陈亮认为，优秀领导向卓越领导发展的瓶颈在于领导者自身，而正念可以帮助领导者学会以第三者身份自我觉察，帮助领导者实现念头状态的转型和升级。① 同时，有研究发现正念干预训练能增进领导的幸福感、提升领导效能并积极影响领导与下属间的人际关系。② 对于提高正念领导力的策略，北京师范大学教授王文周从领导思维的角度提出了"认知自我""控制自己""感知他人""影响他人"等相关策略。③ 浙江大学教授莫申江则从领导行为角度提出了"成为伦理榜样""启动导师计划"等策略。④ 关于正念领导力对团队韧性形成的影响，刘贝妮等从能力观、共识观、过程观三个视角探讨发现领导正念能够通过团队工作焦虑吸收，提升团队情绪承载力，进而对团队韧性产生正向影响，且领导正念对团队韧性的积极变化以及团队意义建构具有正向影响。⑤ 此外，关于正念对工作场域中的人际关系影响及其作用机制，刘霞和卫武从过程导向和功能导向维度揭示了正念概念在职场中的发展趋势，并以4种关联机制，即知识、情感、资源及交换，解释正念如何对质量和功能相关的人际结果产生影响。⑥ 总之，正念训练在领导者的管理层次方面发挥了良好的作用。

借助正念训练可以改善员工的工作态度和工作行为，从而提升工作绩效。研究发现，正念能减少员工的离职意向和旷工率，增加员工的工作投入，提高工作活力、工作满意度和敬业度，使员工更有耐心和奉献精神。⑦ 练习正念的员工能够抑制工作中产生的敌对情绪和冲突行为。⑧ 赵亚东和卢强在对国内20家企业的369份调查问卷进行建模分析与检验后发现，在工作场所中，员工正念对角色内绩效具有积极影响。⑨ 卫武和黎金荣从自我调节理论的视角出发，

---

① 陈亮、李晓蓓：《正念领导力：从优秀到卓越》，《清华管理评论》2017年第4期，第80-87页。

② 张静：《正念与领导力 基于交互的视角》，经济管理出版社，2019年，第39页。

③ 王文周、杨珂：《正念领导力：开发内心的力量》，《清华管理评论》2017年第4期，第74-79页。

④ 莫申江：《除了冥想，我们还应做些什么——如何有效地发挥正念领导力》，《清华管理评论》2017年第4期，第88-91页。

⑤ 刘贝妮、张志学：《团队何以愈挫弥坚？领导正念对团队韧性形成的影响》，《心理科学进展》2023年第31卷第7期，第1146-1159页。

⑥ 刘霞、卫武：《职场正念的人际影响及作用机制》，《心理科学进展》2024年第32卷第6期，第981-994页。

⑦ 刘生敏、信欢欢：《组织管理领域的正念研究：基于多层次视角》，《中国人力资源开发》2019年第36卷第7期，第37-53、93页。

⑧ Krishnakumar S, Robinson M D, "Maintaining an even keel: An affect-mediated model of mindfulness and hostile work behavior," *Emotion* 15, no. 5 (2015): 579-589.

⑨ 赵亚东、卢强：《员工正念能提升工作绩效吗？——组织认同的调节作用》，《中国流通经济》2018年第32卷第9期，第120-128页。

通过对343个有效样本进行数据分析发现，正念与不道德亲组织行为之间存在显著的负相关性。① 沈莉等通过定量分析员工特质正念与职业幸福感之间的关联，提出以自我调节、自我超越为中介，促进员工特质正念对工作满意度的正向影响途径范式。②

4．教育领域的正念研究

正念在儿童和青少年教育领域的研究和应用逐年增加。虽然在不同学校和不同年龄阶段开展的正念干预在计划内容和衡量结果上有所不同，但是初步证据表明，正念干预可以有效促进青少年身心健康，有助于提高注意力、工作记忆等认知功能，并减少情绪问题和缓解生理症状。③④ 其中，比较具有代表性的美国正念校园项目（Mindful School）与英国MISP项目（Mindfulness in School Project）。这些项目以轻松活泼的课程元素（例如动画、故事、角色扮演）与更短的课堂正念练习时间将正念引入校园，让年轻一代能够通过练习正念学会回应压力的技巧和提升心理韧性，以迎接充满不确定性的未来。

在教育领域，学校正念干预是将正念技术及理论运用到校园环境中的一套干预体系，在开展时可以根据个体需要和情境采用多种形式。学校正念干预主要包括以正念减压疗法为基础、以正念认知疗法为基础、以综合性正念干预疗法为基础、以青少年专业正念项目为基础和以传统学校心理健康课程为基础的五种干预形式。⑤ 正念干预主张接纳和非评判性的干预，不仅可以对具有病理性症状的学生进行干预，还可以对健康的学生群体进行积极预防。在干预方式方面，研究者主要采用随机对照实验设计、准实验设计等方式。为探讨正念干预对儿童心理健康的影响，谢晶和涂艳国采用前后测对照实验设计进行研究，以小学五年级的55人为研究对象，其中26人为实验组，29人为控制组，实验组进行为期12周的正念课程，干预前、后均采用《注意稳定性问卷》《小学生心理健康》等量表作为测验工具，并用SPSS 20.0进行数据处理分析，结果显示，正念干预后学生的注意力、心理健康发展、情绪平衡等方面均得到了

---

① 卫武、黎金荣：《员工正念如何影响不道德亲组织行为：自我调节理论的视角》，《商业经济与管理》2023年第5期，第5-16页。

② 沈莉、王雅楠、刘生敏等：《企业员工特质正念对职业幸福感链式影响机理探究》，《中央财经大学学报》2022年第10期，第109-118页。

③ 肖月：《正念训练对高中生抑郁情绪干预的实证研究》，《福建教育学院学报》2024年第25卷第3期，第54-57页。

④ 韩瑞苗、徐春飞：《双减背景下正念认知疗法对中学生学习效能的干预作用》，《教育测量与评价》2022年第2期，第103-112页。

⑤ 冯宇、段文杰：《学校正念干预的基本形式及特点》，《中国临床心理学杂志》2017年第25卷第5期，第991-994页。

提升。① 张晓旭和朱海雪为了解是否可以通过正念认知疗法对手机依赖进行干预，从而降低大学生手机依赖程度，对实验组60名大学生开展每周2次、连续4周的正念认知疗法，结果显示，实验组相比对照组的手机依赖总分显著降低。② 此外，研究证实，即使是10分钟短时间的正念训练也能提高大学生的正念水平并减少对情绪的有意识处理。③

在干预效果方面，正念干预对学校教学等方面也有积极影响。研究表明，正念训练在应对大学生学业倦怠④、提升中学生自我控制力⑤、提升小学生心理韧性⑥、特殊儿童家长心理疏导⑦等方面有显著效果。譬如，研究者调查正念训练对大学生拖延的影响，对实验组进行为期8周的正念团体训练，研究数据显示，通过提高大学生的正念水平能显著减少大学生的拖延行为。⑧ 对初一学生进行为期8周，每周两次课前和午休时段的正念训练后发现，学生在降低压力水平与缓解焦虑情绪方面效果显著。⑨ 一项研究以香港14～16岁、学业成绩较差的两所学校的青少年为样本，使其接受为期6周的正念课程，研究结果显示，正念课程在缓解青少年学生的忧郁症状和增进幸福感两方面，都达到显著水平。⑩ 爱德华（Edwards）等人以20名拉丁裔中学生为研究对象，使其参加为期8周的青少年正念减压课程，研究结果发现他们在正念和自我关爱维

---

① 谢晶、涂艳国：《正念教育对儿童发展的影响研究——基于W市D小学五年级的正念教育实验》，《教育研究与实验》2018年第6期，第23-28页。

② 张晓旭、朱海雪：《正念认知疗法对手机依赖大学生的干预效果》，《心理与行为研究》2014年第12卷第3期，第391-394页。

③ 王汉林、李博文、任维聪：《短时正念训练对大学生负性情绪唤醒度的效应》，《中国心理卫生杂志》2023年第37卷第9期，第801-806页。

④ 刘斯漫、刘柯廷、李田田等：《大学生正念对主观幸福感的影响：情绪调节及心理弹性的中介作用》，《心理科学》2015年第38卷第4期，第889-895页。

⑤ 孙长玉、陈晓：《正念冥想训练对中学生自我控制能力的干预作用》，《中国健康心理学杂志》2016年第24卷第9期，第1359-1363页。

⑥ 曹静、魏庆珠：《正念训练提升小学生心理韧性的随机对照组研究》，《亚太教育》2016年第12期，第29-30页。

⑦ 李扬、陈洁：《正念疗法在特殊儿童家庭中的应用：可行性及有效性探讨》，《科教导刊（中旬刊）》2019年第9期，第163-165页。

⑧ 王丽峰：《正念团体训练对大学生拖延的影响》，《中国心理学会第十九届全国心理学学术会议摘要集》，中国心理学会，2016，第1页。

⑨ 刘颖慧、赵春梅、贾莲等：《正念训练对初一学生负性情绪及学业成绩的干预效果》，《中国心理卫生杂志》2019年第33卷第9期，第661-665页。

⑩ Lau N S, Hue M T, "Preliminary outcomes of a mindfulness-based programme for Hong Kong adolescents in schools: Well-being, stress and depressive symptoms," International Journal of Children's Spirituality 16, no.4 (2011): 315-330.

度的得分显著增加，而他们所感受到的压力和忧郁则显著下降。① 同时，田惠东等考虑到正念练习在促进教师注意力提升与情绪稳定、降低情绪障碍方面的效用，认为对乡村教师进行职前及职后的正念训练尤为重要。②

此外，在家庭教育方面，研究者通过对河南省某校的331名小学生及其母亲的教养方式调查发现，母亲的正念育儿方法不仅对小学生的心理韧性具有正向影响，还能通过母子间的关系质量和积极情绪状态这两个独立的中介变量，间接地促进小学生心理韧性的发展。③ 李妍等对北京地区700个家庭父母进行追踪调查，结果显示父母的育儿压力可以通过其正念养育行为对自身与子女的亲子关系产生积极影响，同时父母的育儿压力也能通过其伴侣的正念养育方式，间接作用于伴侣与子女的亲子关系。④ 父母采用正念教养的方式不仅能减少幼儿问题行为，⑤ 还有助于建立和谐友爱亲子关系，促进青少年创造力的发展。⑥

二、教师职业压力的研究

（一）教师职业压力的内涵研究

20世纪60年代，关于教师心理的研究逐渐增多，主要聚焦于教师因工作原因而产生焦虑不安的情绪。直到20世纪70年代中期，关于教师压力问题的研究才首次作为论文中心议题出现，这主要得益于基里亚克（Kyriacou）和萨克里夫（Sutcliffe）在《教育评论》上所发表的文章，他们将教师压力界定为"教师的一种不愉快的、消极的情绪经历，如生气、焦虑、紧张、沮丧或失

---

① Edward M, Adams E M, Waldo M, et al, "Effects of a mindfulness group on Latino adolescent students: Examining levels of perceived stress, mindfulness self-compassion, and psychological symptoms," *Journal for Specialists in Group Work* 39, no. 2 (2014): 145-163.

② 田惠东、徐强强、张玉红等：《工作家庭冲突与乡村教师消极工作情绪：正念教学的中介作用和心理安全感的调节作用》，《心理科学》2024年第47卷第1期，第170-177页。

③ 刘苏洁、王玉正、郭建友：《母亲正念养育对小学生心理弹性的影响：母子关系和积极情感的链式中介作用》，《中国健康心理学杂志》2024年第32卷第3期，第328-333页。

④ 李妍、鞠佳雯、梁丽婵等：《父母育儿压力、正念教养与亲子关系的关系：基于主客体互倚模型》，《心理科学》2023年第46卷第6期，第1432-1439页。

⑤ 王英杰、张刘、张美霞等：《母亲正念与幼儿问题行为的关系：正念养育和亲子关系的链式中介作用》，《心理发展与教育》2023年第39卷第2期，第184-191页。

⑥ 李丹、王玉正、罗非：《正念教养与青少年创造力：亲子关系的中介作用》，《中国健康心理学杂志》2023年第31卷第4期，第557-561页。

落,这些均是由教师职业这一工作引起的"①,此后,教师压力成为世界性的研究课题。20世纪80年代以来,国内外许多研究者对教师压力及其应对方式进行了广泛而深入的研究,并提出了对教师职业压力的不同界定。如利特(Litt)和特克(Turk)认为,教师职业压力是指当教师的幸福受到威胁时,且所要解决的问题超过其能力范围时,所产生的不愉快情形与困惑的经验。②徐富明和申继亮等认为,教师职业压力是指教师由于工作方面的原因,如工作时间过长、负荷过重、班额过大、学生行为不端而导致身心疲劳过度、神经紧张、挫折、折磨等的一种不愉快的消极的情感体验。③纪国和等认为教师职业压力是教师在教学工作中,由于工作方面的原因,如工作时间过长、工作负荷过重、班额过大、学生行为不端而导致身心疲劳过度、神经紧张、挫折、折磨等的一种不愉快的消极的情感体验。④周正和宁宁认为教师职业压力是指教师在其工作氛围中自身能力和可利用的外部资源不能满足日常工作需求时形成的一系列生理、心理和行为上的反应。⑤

综观以上界定,虽然研究者对教师职业压力界定的具体表述不尽相同,但他们都一致认可教师职业压力是指教师因工作环境等方面的压力而产生的负性情感体验,并伴随一系列生理、心理和行为的变化。

(二) 教师职业压力的来源研究

引起个体压力反应的因素被称为压力源。压力源的存在会导致个体产生压力,引起一种以唤醒、不快或紧张为特征的内在状态和不良反应。一切外在事件只有当人们察觉(通过认知性评价)到其对自身有威胁或挑战时,才可能成为压力源。压力可以依据不同的标准进行分类,例如闵鞬将其分为:①身体性压力源,指对有机体直接作用的刺激物,如高温、噪声、疾病等;②心理性压力源,如人际冲突、个体的强烈需求、能力与期望间的矛盾等;③社会性压力源,如经济、职业、生活变化,重大社会经济变化等;④文化性压力源,例如由语言、风俗习惯、生活方式、宗教信仰等改变所造成的刺激或情景。压力

---

① Kyriacou C, "Teacher stress: directions for future research," *Educational Review* 53, no.1 (2001): 27 – 35.

② Litt M D, Turk D C, "Sources of stress and dissatisfaction in experienced high schoolteachers," *Journal of Educational Research*, no.3 (1985): 178 – 185.

③ 徐富明、申继亮、朱从书:《教师职业压力与应对策略的研究》,《中小学管理》2002年第10期,第15 – 16页。

④ 纪国和、张文霞、李淑莲:《从理论走向实践:心理与教育的融合研究》,吉林出版集团股份有限公司,2019,第147页。

⑤ 周正、宁宁:《职业压力对小学教师职业认同的影响:复原力的中介作用》,《教育学报》2020年第16卷第4期,第95 – 103页。

源还可以分为生活事件、日常烦扰（长时间存在的、无休止的打扰、挫折和应对的要求）和心理困扰。在诸多压力源中，有些具有普遍性，不同群体都有可能接触到（如经济压力），有些则因性别、年龄、职业等的不同而产生差异（如由性别歧视、婚姻状态、绩效考核等所带来的压力）。[①]

教师压力的来源具有复杂多样性。基里亚克（Kyriacou）对英国综合中学257名教师进行调查后总结了4种教师压力源：学生问题、较差的工作环境、工作负荷重、学校管理与评价。[②] 库伯（Kolb）认为教师职业压力来源包括学生缺乏学习兴趣、应付教育改革、组织与管理、工作负荷与时间压力。[③] 曼彻斯特大学的玛丽·布朗（Mary-Brown）等利用质性研究方法对中小学教师进行了为期两学年的研究，结果显示，虽然不同教师群体的压力起因可能各不相同，但是某些与工作相关的因素是具有普遍性的，如师生关系、与同事关系、与家长及其他团体的关系、改革和变化、学校管理和行政工作、时间因素、学校环境、教师个人感知觉等。[④] 国内学者袁晓琳和肖少北依据新课改背景下对中学教师职业压力源进行分析，研究显示压力源分别是职业发展、社会压力、学生升学与考试压力、工作负荷重、学校管理与评价。[⑤] 也有部分研究者，如姜捷指出教师职业压力来自社会过高的期望、教师人际关系紧张、教师自我心理调控能力不足等方面。此外，与师德师风有关的形象建设，以及随着互联网技术的发展和高等教育国际化的到来，对教师所提出的更高要求也给部分教师造成了极大的压力。[⑥]

综观以上观点，虽然国内外研究者对教师职业压力的来源进行了不同的研究，但基本可以归为4类：组织的特点（如角色压力、时间压力、组织氛围、人际关系、职业生涯发展等）、工作本身的特点（工作任务和工作环境）、工作之外的家庭社会因素（社会竞争、社会角色和技术的改变以及配偶的关系）、个体因素（包括对变化的容忍、个人期望、坚韧性、人格和自我效能感、认知方式）。

---

① 闵韡：《高水平大学教师学术激情、职业压力与活力研究》，华东师范大学，博士学位论文，2022年。
② Kyriacou C, "Teacher stress: directions for future research," *Educational Review* 53, no.1 (2001): 27-35.
③ 陈德云：《教师压力分析及解决策略》，《外国教育研究》2002年第29卷第12期，第53-56页。
④ 王以仁：《教师心理卫生》，中国轻工业出版社，1999，第95-97页。
⑤ 袁晓琳、肖少北：《新课程改革背景下中学教师职业压力调查》，《现代中小学教育》2014年第30卷第11期，第79-83页。
⑥ 姜捷：《论高校青年教师的压力问题及其缓解对策》，《河南大学学报（社会科学版）》2016年第56卷第1期，第123-130页。

（三）教师职业压力的影响研究

职业压力的影响具有两面性，适度的压力能够为教师带来积极的助力和成长，从而提升教学质量并促进学生发展，但过度的职业压力也会带给教师的消极影响。因此，一些研究者持辩证的观点看待压力，即认为职业压力既带来消极影响也会带来积极影响，重点取决于压力的强度。然而，实际研究显示，压力带给教师的消极影响远远大于积极影响。[1][2]

教师职业压力的消极影响主要体现在心理、行为及生理三个方面。在心理变化方面的具体表现为焦虑、压抑、疲惫、沮丧等，并且经常感到紧张不安、烦躁、丧失自信心、自我效能感下降以及对工作不满意等。徐晓虹对宁波市574位教师进行调查研究后发现，教师群体中焦虑者的检出率达到47.04%，教师群体中中度与重度焦虑者的数量超过一般群体常模比例。[3] 徐晓虹对2002—2016年宁波基础教育教师的职业压力变化情况进行了跟踪调查，研究表明，中小学教师工作压力逐年升高，教师职业社会尊重度逐年下降，且教师中患抑郁与焦虑病患者有显著增长趋势。[4] 此外，还有研究显示工作压力会引起教师的心理健康水平下降。[5]

教师职业压力会产生一些生理变化。职业压力所引起的焦虑、压抑、烦躁等不稳定情绪和不健全心理会对教师的身体产生消极影响，致使各种疾病出现。有研究显示，职业压力对教师心血管功能影响较大并且容易出现心跳加快、内分泌紊乱以及饮食和睡眠不规律等现象。[6] 黄依林和刘海燕认为职业压力所引起的焦虑、压抑、烦躁等不稳定情绪和不健全心理会对教师的身体产生消极影响，致使各种疾病出现，具体症状有心跳加快、消化不良、胃口不好、失眠等身体不适反应，严重的会导致精力衰竭、内分泌紊乱皮肤失健、免疫力下降以及已有疾病的加速恶化等。[7]

---

[1] 谢正立、邓猛、李玉影等：《融合教育教师职业压力对职业倦怠的影响：社会支持的中介作用》，《中国特殊教育》2021年第3期，第46—52页。

[2] 黄旭、王钢、王德林：《幼儿教师组织支持和职业压力对离职意向的影响：职业倦怠的中介作用》，《心理与行为研究》2017年第15卷第4期，第528—535页。

[3] 徐晓虹：《宁波市基础教育教师职业压力情况的实证研究》，《宁波教育学院学报》2016年第18卷第6期，第43—47页。

[4] 徐晓虹：《教师职业压力三次调查对比与实证研究》，《上海教育科研》2017年第8期，第65—69页。

[5] 王文增、郭黎岩：《中小学教师职业压力、职业倦怠与心理健康研究》，《中国临床心理学杂志》2007年第2期，第146—148页。

[6] 王凯华、米术斌、张雷等：《职业压力对医学院校教师心血管功能影响的研究》，《现代预防医学》2010年第37卷第14期，第2682—2683页。

[7] 黄依林、刘海燕：《教师职业压力研究综述》，《教育探索》2006年第6期，第111—113页。

教师职业压力过重同样会产生一些行为变化。教师职业压力过大会导致教师消极行为增多，譬如出现酗酒、吸烟、暴饮暴食以及人际交往懈怠的问题。比如，韩玉璞研究发现高职业压力会导致教师逐渐失去对学生的爱心和耐心，甚至试图离开教育岗位。① 潘霭明调查显示，当教师面临过度的人际关系方面的压力时，会导致其积极沟通和交流的行为应对方式减少，且压力应对较为消极。②

此外，国内外大量研究都表明，职业压力在对教师产生影响的同时，对学生、学校和社会也产生直接或间接的消极影响。例如，李超平和张翼的研究显示由压力导致的教师不健全心理影响学生健康心理的形成并最终对学生的身心发展造成不利的影响。③ 在付出和回报严重失衡的情况下，教师容易情绪衰竭，对学生产生疏远的态度，甚至发生虐待学生等恶性事件。④

（四）教师职业压力管理措施研究

教师如何有效应对压力呢？研究者主要从教师自我训练、社会支持、多方联动等方面进行了探讨。在教师自我训练方面，特纳（Turner）和布雷纳（Braime）提出应加强教师自我管理训练，包括生活管理、时间管理、情绪管理等方式。⑤ 也有研究者指出提升新教师抗逆力，如田国秀等认为要以提升教师个人能力为前提，并从风险防御、资源整合、方法实施等多个维度提出教师职业压力应对策略。⑥ 在社会支持方面，陈德云认为社会、政府应该担负起缓解教师职业压力的主导职责，并提出了提高教师社会地位和待遇、完善人事制度改革、建立对教师的合理期望、减少教师工作重负和建立科学的评价机制等策略。在多方联动方面，陈德云在总结国外研究结果后提出开设教师压力管理培训研讨班、理性—情感疗法、以问题解决为核心的模式、校长为缓解教师压

---

① 韩玉璞：《身心和谐：教师职业压力疏导的关键》，《教育理论与实践》2008年第17期，第37–38页。
② 潘霭明：《农村教师心理弹性与工作压力的关系：应对方式的中介作用》，《肇庆学院学报》2016年第37卷第6期，第53–57、63页。
③ 李超平、张翼：《角色压力源对教师生理健康与心理健康的影响》，《心理发展与教育》2009年第25卷第1期，第114–119页。
④ 汪国琴、陈进、杨文圣：《教师职业压力与心理健康状况调查报告——基于上海地区的调研》，《思想理论教育》2016年第3期，第86–91页。
⑤ Turner S, Braine M, "Embedding Wellbeing Knowledge and Practice into Teacher Education: building emotional resilience," *Teacher Education Advancement Network Journal* 8, no.1 (2016): 67–82.
⑥ 田国秀、李冬卉：《提升新教师抗逆力：内容与策略》，《教师教育研究》2018年第30卷第3期，第95–102页。

力而努力等四个教师压力应对策略。① 田丽丽则提出从建立教师自我调节机制、完善学校内部治理体系、建立稳定的教师社会支持体系等方面来缓解教师的心理压力。② 此外,马斯腾(Masten)和同事里德(Reed)从风险预防、资源整合与方法实施三个方面,提出了提升抗逆力的方法与措施。③

(五) 教师职业压力的测量方法研究

职业压力测量借鉴了对心理感受力的测量方法,其主要测量方法为问卷法。一些研究者采用开放式提问的方式对教师群体压力源进行测量。随着统计学的发展,教师压力的测量方法也日趋多样化。通过对现有文献的查阅与研究,学界目前对"教师压力"的研究主要分为两种——解释性研究与实证性研究。实证研究一般采用实验法、测验法和定量数据分析等,经常采用的有效量表主要有考夫(Lakoff)和赛克恩(Sacken)编纂的《教学事件压力量表》(TESI)、克拉克(Clark)编纂的《教师职业压力因素问卷》(TOSQF)、马斯拉迟(Maslachi)和派恩斯(Pines)编纂的《职业倦怠问卷》(Maslach Burnout Inventory,MBI)与《倦怠测量问卷》量表、丰塔那(Fontana)编纂的《职业生活压力量表》。我国学者徐富明等编纂的《中小学教师职业压力问卷》、许延礼和高峰强编制的《高中教师工作压力源量表》、程俊玲编纂的《中小学教师工作压力量表》等。解释性研究则一般通过现场实验的方式进行,主要包括观察法和个案研究法。研究的切入点通常为社会学、语言学等角度。

在测量维度方面,许延礼和高峰强编制的《高中教师工作压力源量表》提出8个影响因素,包括领导与管理工作负荷、考试与升学学生、人际关系自我身心、社会职业发展与晋升等。④ 张妍等编制了《高校教师工作压力量表》,该量表涵盖学术科研、组织功能、个人发展、晋升、教学、工作负荷、人际关系等多个维度。⑤ 柯澍馨和简聿恁采用的量表将压力来源分为工作负荷、时间

---

① 陈德云:《教师压力分析及解决策略》,《外国教育研究》2002年第29卷第12期,第53-56页。

② 田丽丽:《缓解教育变革中教师心理压力的有效策略》,《中国教育学刊》2016年第4期,第76-79页。

③ Masten A S, Reed M G J, "Resilience in development," in *Handbook of Positive Psychology*, ed. Snyder C R, Lopez S J (New York: Oxford University Press, 2002).

④ 许延礼、高峰强:《高中教师工作压力源量表的初步编制》,《当代教育科学》2003年第21期,第43-44页。

⑤ 张妍、任慧莹、蔡丽等:《高校教师工作压力源量表编制及现状研究》,《牡丹江师范学院学报(社会科学版)》2020年第2期,第121-128页。

运用、课程设计、教师生涯发展、与学校和行政人员的关系、学生的学习行为。① 庄季蓉采用的问卷则将教师工作压力分成工作负荷、专业知识、学生行为与师生关系等四个方面。②

三、关于压力管理的研究

(一) 压力管理的内涵研究

在管理领域，人力资源管理的职能之一就是"压力管理"，又被习惯称为"压力应对"，其目的在于正确认识压力，把压力水平控制在一个最佳状态，而非对压力的彻底消除。③ 学者们对于职业压力管理的定义主要从压力源与压力反应两方面进行阐释。从压力源方面来看，杰勒德·哈格里夫斯认为职业压力管理是个体对内外部的压力源进行干预或应对。④ 从压力反应方面来看，国内学者李斌指出压力管理是对压力带来不良影响的有效避免行为。⑤ 张晗认为压力管理是对压力及其会产生的问题所进行的预防和缓解。⑥ 此外，有学者对压力管理的实施也进行了相关研究：一是外部控制，控制或调节造成消极影响的外部压力源，或强化造成积极影响的外部压力源，缓解不必要的压力或增强压力的积极作用。二是内部控制，控制或调节个体内部的压力源，提升个体处理内部压力源以及应对外部压力源的能力。三是科学地管理压力所产生的消极影响，即面对个体产生的异常心理、生理等反应时进行有效地调节与疏导。⑦

(二) 压力管理的理论研究

目前学术界比较关注的压力管理的理论是"应激与应对理论""个体—环境匹配理论"和"工作需求—控制理论"。

---

① 柯澍馨、简聿恕：《台北市国中教师工作压力、家庭压力与生活品质之研究》，《学校行政》2011年第75期，第64–82页。
② 庄秀蓉：《高雄市国民小学教师工作压力、组织承诺与幸福感关系之研究》，台湾屏东大学，硕士学位论文，2015年，第27页。
③ 王彩霞：《高校青年教师职业压力管理现状研究》，首都经济贸易大学，硕士学位论文，2017年，第18页。
④ 杰勒德·哈格里夫斯：《压力管理》，刘子正译，中国社会科学出版社，2001，第156页。
⑤ 李斌：《现代企业中的压力管理探析》，《现代管理科学》2007年第7期，第56–57页。
⑥ 张晗：《ZZ市工商局青年公务员工作压力管理研究》，郑州大学，硕士学位论文，2015年，第29页。
⑦ 张忆苓：《小学新教师职业压力管理的研究：以上海市A小学为例》，华东师范大学，硕士学位论文，2022年，第14页。

1984年美国心理学家拉扎鲁斯（Lazarus）和福尔克曼（Folkman）提出的应激与应对理论是压力管理研究的基础，该理论认为压力是由个体对特定情境的认知评价所决定的。① 个体通过采取不同的应对策略来管理压力，这些策略可以是面向问题的或面向情绪的。具体而言，一般指组织或行为个体对来自社会、工作、家庭生活等各个层面产生的压力所实施的有效疏导和控制的活动过程，从而使压力成为改善生活、工作质量，利于身心健康，调动生产、工作积极性、提高企业经济效益、促进社会稳定发展的内在动力。②

1982年法兰奇（French）和卡普兰（Caplan）正式提出个体—环境匹配理论，该理论指出工作压力的出现不是单一地由个体或环境造成的，而是以压力的"交互作用模式"为基础，根据个体能力和客观环境的不匹配程度所决定的。③ 爱德华（Edwards）提出除基本意义上的个体能力与外界环境、要求适配的差异外，还应关注到个体对于环境主观与客观意义上理解的差异。另外，个体—环境匹配是一个多维度的变量，包括能力与要求的匹配关系以及需求与供给的匹配关系。当个体与环境不匹配时，个体将产生紧张感、倦怠感、消极情绪。而个体与环境匹配时将起到积极作用，有助于个体提高对工作的满意度，对个人与组织进行压力管理有较大的影响。④

卡拉斯科（Karasek）于1979年提出"工作需求—控制理论"，简称为工作需求—控制模型（job demand - control model，JDC），该理论指出工作压力受工作需求和工作控制两个因素影响。⑤ 工作需求指员工所从事职业的工作量、工作强度、工作时长、角色冲突等问题。而工作控制指员工应对工作的能力，包含专业技术能力以及决策能力。高工作需求、低工作控制的员工在工作中呈现消极的态度，容易产生工作压力，引起各方面的问题。当高工作需求和高工作控制同时出现时，将对个体产生积极影响，激发员工工作热情和学习的积极性。⑥ 而个体的高工作控制则能在一定程度上缓解高工作需求所带来的压力。该理论模型为企业压力管理、缓解员工职业压力提供了指导意见。

---

① Lazarus R S, Folkman S. *Strees Appraisal, and Loping* (New York: Springer, 1984).
② 裴华：《企业应激管理的研究与应用》，新华出版社，2005，第3页。
③ Caplan R D, Cobb S, French J R, et al., *Job Demands and Worker Health: Maineffects and Occupational Difference* (Washington: Government Printing Office, 1975).
④ 张忆苓：《小学新教师职业压力管理的研究》，华东师范大学，硕士学位论文，2022年。
⑤ Karasek R A, "Job Demands, Job Decision Latitude, and Mental Strain: Implications for Job Redesign", *Administrative Science Quarterly*, 24, no.2 (1979): 285 - 308.
⑥ 史茜、舒晓兵、罗玉越：《工作需求控制支持压力模型及实证研究评析》，《心理科学进展》2010年第18卷第4期，第655-663页。

（三）压力管理的方法与原则研究

随着对压力及其对个体健康影响的深入了解，传统的压力管理方法如认知行为疗法、正念冥想和放松技巧等已被广泛应用于压力管理。然而，现代生活的复杂性要求我们不断寻找和扩展新的压力管理策略，以适应不同个体的需要和偏好。以下是近年来在压力管理领域出现的一些重要扩展。

技术介入方面，雷格尔（Regehr）等认为数字健康技术的迅猛发展为压力管理提供了新的视角和工具，移动应用程序、可穿戴设备、虚拟现实（virtual reality，VR）和增强现实（augmented reality，AR）技术等，通过实时监测、数据分析和交互反馈，能够为用户提供个性化的压力管理方案。[①] 例如，智能手表可以监测心率变异性（heart rate variability，HRV），作为压力水平的生理指标；同时，配套的应用程序可以根据监测结果推荐相应的放松练习或呼吸技巧。这种即时性和针对性的干预模式，使得个体能够更有效地在日常生活中管理压力。

近年来，接触自然环境作为一种压力管理方法受到关注。自然疗法基于"自然接触假说"，认为人类与自然环境的接触对身心健康有益。研究显示，在森林中散步、城市公园的轻度活动，甚至是室内植物的观赏，都能显著降低压力和焦虑水平，提升情绪状态。[②] 自然疗法的优势在于其简便易行和成本低廉，几乎适用于所有人群。此外，这种方法还鼓励个体增加户外活动，从而促进身体健康。

社会支持和文化习俗同样对压力管理有重要影响。科恩（Cohen）认为强大的社会网络不仅能提供情感上的安慰和认同，还能为个体在面对压力时提供实质性帮助和资源，包括参与社区活动、家庭聚会以及特定的文化仪式，都能增强个体归属感和社会认同，从而在精神上对抗压力。[③] 在某些传统文化中，特定的仪式和习俗（如冥想、舞蹈、唱歌等）本身就包含了压力释放的机制，通过参与这些活动，个体能够在保持文化传统的同时达到缓解压力的目的。

根据研究显示，压力管理还要主要遵循以下 4 种原则：压力适度原则、压力分解原则、差异管理原则和心理引导原则。一是压力适度原则，耶克斯（Yerkes）指出适度施压才能避免压力过重，面对不同的工作难度时需要调整

[①] Regehr C, Glancy D, Pitts A, "Interventions to reduce stress in university students: a review and meta-analysis," *Journal of Affective Disorders* 148, no. 1 (2013): 1-11.

[②] Hartig T, Evans G W, Jamner L D, et al, "Tracking restoration in natural and urban field settings," *Journal of Environmental Psychology* 23, no. 2 (2003): 109-123.

[③] Cohen S, "Social relationships and health," *American Psychologist* 59, no. 8 (2004): 676-684.

不同程度的压力刺激,从而产生最优成绩。① 二是压力分解原则,李永鑫和李艺敏认为,在压力产生时,个体获得了外部支持也将缓解压力,形成压力管理的综合效应。② 三是差异管理原则,饶淑园提出压力是个体的主观感受,面对相同的刺激,个体所感受的压力不同,因此在面对不同对象时要做到具体问题具体分析。③ 四是压力引导原则,靳娟指出压力的产生是不可避免的,只有巧妙地将压力化为动力,引导个体与压力和平共处,才能将压力从消极转为积极。④

(四)压力管理的策略研究

根据查询到的文献资料显示,研究者提出的压力管理策略主要针对企业工作人员、领导人员、护士以及患者等人群。

针对企业工作人员的压力管理策略主要从组织和个人两方面展开。杨玉梅和林侠基于组织和个人的交互管理维度提出了组织要消除来自工作本身和来自组织的工作压力源,以及个人需加强自我压力管理的学习和训练的策略。⑤ 王玉峰和杨多在研究企业组织变革对员工的压力形成机制时,从组织层面提出保护员工合法权益、加强变革沟通、增强员工对变革的参与程度等策略,从个人层面提出通过强化培训提升个人技能以及为员工的发展提供机会等策略,从反应层面则提出增强文体活动、进行放松训练、扩大社会支持和社交网络的压力管理策略。⑥

针对领导人员的压力管理策略。张滨熠提出了危机事件中的领导者压力管理全过程模式,具体包括危机发生前的完善指挥体系、模拟演练,危机发生时的树立压力管理意识、加强社会支持以及建立危机事件后经验分享和长效机制等策略。⑦ 王艳基于人际关系压力源视角,提出了公正处事、重视沟通、排除

---

① Yerkes R M, Dodson J D, "The relation of strength of stimulus to rapidity of habit-formation," *The Journal of Comparative Neurdogy and Psychology* 18, no.5 (1908): 459-482.
② 李永鑫、李艺敏:《河南省教师工作倦怠与社会支持的相关研究》,《中国校医》2007年第21卷第3期,第260-261页。
③ 饶淑园:《教师压力管理原则探析》,《教育科学》2010年第3期,第4页。
④ 靳娟:《工作压力管理》,人民邮电出版社,2007,第71页。
⑤ 杨玉梅、林侠:《金融工作者压力管理与对策研究》,《武汉金融》2019年第7期,第87-88页。
⑥ 王玉峰、杨多:《企业组织变革对员工压力的形成机制及压力管理研究》,《贵州社会科学》2014年第6期,第94-99页。
⑦ 张滨熠:《构建危机领导者压力管理全过程模式的思考》,《领导科学》2014年第16期,第44-46页。

利益纷扰的领导干部压力管理策略。①

针对护士以及患者的压力管理策略。周雁荣通过建立三级管理架构和以人为本的护理管理理念、制度以及科室心理专家支持系统来帮助心脏外科 ICU 护士进行压力管理。② 朱凌燕等从激发患者积极情绪、促进患者行为改变和加强患者社会支持等压力管理策略改善心肌梗死患者的生活质量。③ 此外，廖建玲和兰丽梅通过分段实施员工帮助计划缓解传染科护士的工作压力，提升个人幸福感以及工作和生活效率。④

教师如何管理自身压力呢？学者们面向教师压力管理的研究，研究的对象为教师本身，但他们对于管理主体持有不同的侧重点。教师职业压力管理是指对教师职业压力的调节、控制及应对的策略。周海明提出进行教师压力管理应以教师为主体，通过自我调节缓解教师压力。⑤ 自我调节包括加强身体锻炼，强壮的身体是抵抗压力的基本物质，特拉弗斯（Traver）和库珀（Cooper）把锻炼称之为教师的一种"保护机制"。⑥ 葛斐提出以教师自身、学校管理层以及外界专业力量作为压力管理的实施主体，面向中小学教师的压力管理干预计划⑦，其中包括为教师提供校内外咨询服务，以减少教师的心理压力；优化学校的人员配置，特别改善班级人数超编引发的压力、通过管理机制为教师提供更多的时间，比如减少行政会议与事务、增设必要的教学条件等；改善因管理不当、领导方式单一化、忽视学校特殊性，生搬硬套企业的管理模式等方面给教师带来的压力。海锐斯（Harris）曾运用"威尔逊压力框架"（Wilson stress profile）在美国 3 所中小学评估教师压力与领导方式之间的关系，发现如果一个学校的教师对校长工作和人际关系上的评价很高，那么这个学校教师的压力就会明显较低于同类学校。⑧ 计思多认为教师压力管理主要由内在支持系统以

---

① 王艳：《基于人际关系压力源视角的领导干部压力管理探析》，《领导科学》2014 年第 29 期，第 36 – 37 页。

② 周雁荣：《系统性压力管理对心脏外科 ICU 护士职业压力及职业倦怠的影响》，《中国护理管理》2018 年第 18 卷第 10 期，第 1432 – 1436 页。

③ 朱凌燕、卢惠娟、许燕玲等：《压力管理对改善急性心肌梗死患者生活质量的效果研究》，《中华护理杂志》2014 年第 49 卷第 5 期，第 534 – 539 页。

④ 廖建玲、兰丽梅：《员工帮助计划在传染科护士压力管理中的应用》，《护理研究》2018 年第 32 卷第 9 期，第 1433 – 1435 页。

⑤ 周海明：《教师工作压力管理的 3A 模型及其启示》，《山东科技大学学报（社会科学版）》2018 年第 20 卷第 5 期，第 98 – 103 页。

⑥ Traver C J, Cooper C L, *Teach Under Pressure: Stress in The Teaching Profession* (New York: Routledge, 1996), pp. 26 – 29.

⑦ 葛斐：《中小学教师压力管理干预计划构建及实施路径》，《基础教育论坛》2019 年第 10 期，第 3 – 5 页。

⑧ 赵立芹、张海燕：《教师压力成因分析》，《外国教育研究》2004 年第 2 期，第 38 – 40 页。

及外在支持系统两方面进行实施，内在支持系统主要指向教师个体层面，外在支持系统主要指向家庭层面、学校层面以及社会层面。① 虽然学者们提出的压力管理主体各不相同，但都是以教师个人为主体实施压力管理，其他层面进行辅助从而帮助教师缓解压力。

尽管已有大量研究支持压力管理的有效性，但未来仍需探索更多方面。首先，考虑到人群的多样性，未来研究需要探索不同文化背景、年龄、性别等人群在压力管理中的差异性。其次，随着科技的发展，数字化压力管理工具（如应用程序、可穿戴设备）的开发与评估将是一个重要方向。最后，深入研究压力管理对特定群体（如慢性病患者、高压力职业从业者）的长期影响，对于制定针对性更强的干预措施具有重要意义。

四、文献评述

综观现有研究，虽然取得较为丰富的研究成果，但仍然存在如下不足：

（1）研究视角有待拓展。教师职业压力问题引起学界和实践领域的广泛关注，但研究者们大多从单一因素进行考察，譬如现有研究视角多从教师职业压力的内涵、来源、影响和应对技巧等方面进行探讨和分析，但鲜有文献从正念干预甚至正念减压疗法的角度来探讨教师职业压力的问题，该问题的研究视角有待进一步拓展。

（2）研究对象有待拓展。现有正念干预研究大多数集中在医生、患者、领导、员工、运动员、学生等对象，但很少从正念干预的中学教师角度来进行研究。

（3）研究方法有待更新。国内外有关教师压力的研究多数采用定性研究的方法，鲜有研究采用定量研究和定性研究相结合的方法，研究教师如何用合适的方法进行压力管理。

---

① 计思多：《抗逆力视角下中小学初任教师压力管理策略探析》，《求知导刊》2020年第21期，第62-63页。

第三节 研究思路与方法

一、研究思路

本书以中学教师为研究对象,通过分析教师职业压力的内涵、特征、表现、现状、原因及影响,并结合正念干预的内涵、特征、典型模式与中学教师8周正念干预实验,深入剖析正念干预对教师职业压力管理的必要性和可行性;运用文献研究法、访谈法、问卷调查法以及实验研究等方法分析正念干预对教师职业压力管理的实际成效;提出基于正念减压疗法的教师职业压力管理策略,以期为当代中学教师进行有效的压力管理提供参考性意见。

二、研究方法

本书主要采用文献研究法、问卷调查法、访谈法、实验法等研究方法。

(一) 文献研究法

文献研究法是根据一定的研究目的,搜集、检索、鉴别、整理文献,并通过文献研究,全面、正确地了解和掌握所研究问题、现象或事物,揭示其规律及属性的一种研究方法。查找已有的文献资料,不仅可以了解前人已经取得的研究成果,吸取经验或教训,还可以对已有相关文献进行重组与分析,力图找出新联系、新规律,形成新观点,从而构建新理论。本书通过搜集教育学、社会学、哲学、人类学、心理学、管理学等相关学科在"教师压力""正念""压力管理"等领域的研究成果,查找国内外学者关于教师压力,尤其是中学教师职业压力等方面最新研究成果,并分析已有研究成果已经解决了哪些问题,是如何解决的,哪些问题还有待解决,解决方法对新时代教师职业压力研究有何借鉴与启示,以便为教师职业压力深入研究提供理论基础与方法论基础。此外,本书把握已有研究存在的局限或不足,为正念干预教师职业压力的后续研究指明方向。

(二) 问卷调查法

本书借鉴国内外相关文献资料,结合教师职业的性质和中学教师职业压力的特点,设计并编制了《中学教师职业压力现状调查问卷》,在征求部分专家、学者和一线教师意见的基础上,对问卷进行了修订和完善。问卷内容主要就教师压力的学校因素(工作负荷、考试压力、工作条件、学校管理与评价、教育现实与教育期待)、社会适应(校园人际关系、师生互动、个体适应性)和个人因素(家庭人际、身心健康状况、自我发展需要)等方面做了有针对性的设计。同时,采用随机抽样方法,对H省的727名中学教师进行了问卷调查。从问卷发放情况来看,共发放教师问卷727份,剔除作答不完整及不符合要求的问卷,最终纳入实际统计的样本量是697份,有效率为95.9%。通过问卷调查了解中学教师职业压力的现状及来源,分析教师职业压力的实然状态,深入阐述中学教师职业压力管理中存在的问题。在正念干预阶段,通过对教师发放《五因素正念量表》(five fact mindfulness questionnaire,FFMQ)、《生活满意度量表》(satisfaction with life scale,SWLS)、《积极和消极情绪量表》(positive and negative affective scale,PANAS)等问卷来了解正念干预对教师职业压力与教师生活满意度、情绪之间的关系。

(三)访谈法

访谈法是调查者根据访谈提纲与调查对象进行直接交谈,收集语言资料,以了解调查对象的心理和行为的一种研究方法。本书采用自编半结构开放问题对教师进行访谈,借助访谈对象的自我陈述,获取教师对正念干预的感受、认知以及干预过程中的个人变化等深层次信息和第一手资料。

(四)实验法

教育实验是实验者根据某种设想或假说,控制一些变量,施加一定的实验因素,有计划地开展教育活动,采用统计方法权衡实验结果,并得出可靠结论的研究方法。[①] 本书采用准实验设计研究,以正念干预为介入方式,以中学教师为研究对象,在实施前以及实施后的两周内,分别采用量表对实验组与对照组进行前测与后测,以了解正念干预在实施前及实施后对教师的影响。此外,本书辅之以正念体验记录单、访谈问卷、正念觉察日记等质性研究工具进行分析,以验证教师参加正念教育对压力、生活满意度、情绪等的影响成效,运用SPSS统计软件对前测和后测的数据资料进行T检验分析,对访谈、调查等质性资料进行分析,以检视教师接受正念干预对其实际行为的影响。

---

① 王汉澜:《教育实验学》,河南大学出版社,1992,第7页。

第二章 教师职业压力概述

自 20 世纪 70 年代基里亚克和萨克里夫提出教师职业压力的概念后,关于教师压力的研究和探讨一直在持续,但学界关于教师职业压力的内涵、特点、表现等相关问题均尚未达成统一,这在一定程度上不利于教师职业压力的纵深研究。因此,本章通过对教师职业压力内涵进行界定,阐明和分析教师职业压力的特征和表现,为后续研究提供基础。

第一节 教师职业压力的内涵与特征

一、教师职业压力的内涵

(一) 压力

压力 (stress) 一词最初来自古法语 "destress",后被引入英语。现代压力的概念源于 1925 年哈佛著名生理学家沃特·坎农 (Walter Cannon) 的一系列关于痛苦、饥饿和情绪变化的研究。① 加拿大内分泌学家汉斯·塞利 (Selye) 拓展了坎农的观点,认为压力是指对任何需要适应的需求的生理反应。② 除生理学外,社会学和心理学家也分别从各自的角度提出了相应的理论解释。社会学取向的研究多强调外界环境和压力事件等对人的影响。迈耶 (Meyer) 于 20 世纪 30 年代研究了对人致病的生活事件,他认为一些生活事件可以在病源学中解释病症的成因。③ 1957 年,霍金斯 (Hawkins) 和同事基于迈耶的研

---

① 李虹:《健康心理学 (21 世纪心理学系列教材)》,武汉大学出版社,2007,第 300–305 页。
② Selye H, "Stress and the general adaption syndrome," *British Medical Journal*, no.1 (1950): 1383–1392.
③ Meyer J W, Rowan B, "Institutionalized organizations: Formal structure as myth and ceremony," *American Journal of Socioloty* 82, no.2 (1977): 340–363.

究，提出了近期生活事件图表，此后赫姆斯（Holmes）和雷（Rahe）在此基础上提出了社会再适应量表。[①] 尽管赫姆斯和雷关于消极生活事件的概念得到了广泛的认可，但他们混淆了压力和压力源的区别，从而引起了一些争议。

心理学取向的研究强调压力源于个体对外部事件的评价。拉扎鲁斯等将压力描述为当人们意识到环境的需求明显超过处理它们的资源时所发生的情况；卡普兰的压力机械模型认为，压力是内外界的需求和机体应对能力之间的差异，这个差异的结果通常是负面的。[②] 关于压力的定义，目前比较公认的是福尔克曼的观点，即压力是"刺激-反应之间的作用"，个人所感受到的压力是主客观相互作用的结果，认知和评价在个体对压力的感知中起着重要的作用。此外，个体对于压力的评估可分为对环境是否有压力的"初级评估"（primary appraisal）和对自己是否有能力应对的"次级评估"（secondary appraisal）。这种观点将压力看作一个包含压力源（如环境的和个体的需求）、干预因素（如个体和环境所能提供的资源）以及压力反应（生理和心理健康）的整体。弗克曼的这一定义和分析模型在此后的研究中得到了广泛的认同和发展。总体而言，压力可按其强度细分为以下三种类型：

（1）常规单一性生活压力。常规单一性生活压力源于日常生活中不可避免的多样事件，如学业考试、完成挑战性任务、经历首次恋爱、婚姻、就业或失业、亲人去世、搬家、旅行等。当这类压力发生时，个体会尝试适应特定事件。当该事件的压力水平并未达到令个体崩溃的程度时，则被称为常规单一性生活压力。虽然在适应过程中消耗了大量生理与心理资源，但如果个体未至于衰竭且无其他重大事件发生，则能够提升和增强自我适应能力。以往的研究表明，成功应对过压力的个体能积累宝贵的经验，从而更好地面对未来压力，这符合"吃一堑，长一智"的观点。实际上，从困难环境成长起来的人往往在成年后展现出更强的忍耐力和应对压力的能力。

（2）叠加性压力。叠加性压力指的是极端严重且难以处理的压力，可能导致个体在经历多重压力的衰竭阶段崩溃。叠加性压力进一步可分为同时性叠加压力和继时性叠加压力。同时性叠加压力，即在相同时间段内发生多个压力事件，造成个体经历如"四面楚歌"般的压力状态；继时性叠加压力即两种以上的压力前后相继发生，且后一种压力的出现正好是前一种压力状态的衰竭阶段。

---

① 闵韡：《高水平大学教师学术激情、职业压力与活力研究》，华东师范大学，博士学位论文，2022年，第38页。

② Catano V, Francis L, Haines T, et al, "Occupational Stress in Canadian Universities: A National Survey," *International Journal of Stress Management* 17, no. 3 (2010): 232–258.

(3) 破坏性压力，亦称作极端压力，涵盖战争、地震、空难、遭受攻击、绑架及性侵等情形。这类压力在现实生活中并不罕见。以第一次世界大战期间为例，心理学家们观察到"创伤后应激障碍"（post-traumatic stress disorder，PTSD），具体症状为心理麻木、对环境刺激反应迟钝、情绪低落或过敏、失眠、焦虑等。除战争之外，其他形式的极端压力事件同样可以引发PTSD，如性侵受害者可能出现精神呆滞、记忆丧失、社交回避、安全感缺失等反应。自然灾害等强烈压力事件后的心理反应有时也类似于PTSD。此类心理反应的发展可分为3个阶段：首先是惊吓期，受害者可能会出现对创伤性事件的感知丧失，表现为一种魂不守舍的状态，事后对事件的记忆模糊；其次是恢复期，此时受害者开始经历焦虑、紧张、失眠、注意力下降等症状，类似于人们通常说的"后怕"反应，在这一阶段，受害者往往会向他人诉说自己的经历；最后是康复期，即在受害者心理逐渐恢复平衡之后。

2. 压力的适应

早在1920年，生理学家沃特·坎农（Walter Cannon）已通过观察人体生理反应，深入描述了适应压力所需付出的生理成本。沃特·坎农发现个体在遭遇外部压力时，会触发自主神经系统的一系列反应为应对压力做准备，例如心率和呼吸频率的增加、血压上升、瞳孔扩张以及汗腺活跃等。1956年，内分泌学和生物化学专家汉斯·塞利（Hans Selye）进一步推进了该领域的研究，他将适应压力的过程划分为3个阶段：首先是警觉阶段，个体在此阶段识别到压力源并开始警觉，同时做好战斗准备；其次是抵抗阶段，个体在此阶段全力应对压力挑战，试图消除、适应或撤退；最后是衰竭阶段，由于大量消耗生理与心理资源，个体最终达到极度疲惫的状态。[①] 在这三个阶段中，个体的生理、心理和行为表现都有其独特的特点。

警觉阶段特征以交感神经系统的激活为标志，促使肾上腺分泌肾上腺素和副肾上腺素，导致呼吸和心跳加快，汗腺分泌增强，血压及体温上升等生理反应。

抵抗阶段中，个体展现出特定的生理、心理和行为响应。首先，尽管抵抗阶段的生理表现看似平稳，但实则是一种受控制的外显状态。其次，个体内部的生理和心理资源遭受重大消耗。最后，由于调节压力消耗了大量能量，个体会变得更加敏感和脆弱，常见的小困扰也可能引发剧烈的情绪反应，如孩子的哭闹、家庭访客、接听电话或家庭成员间的轻微分歧。

在衰竭阶段，长期压力作用导致能量资源接近耗尽。如果此时外部压力源已大体消除或个体已形成适应机制，那么经过一段时间的休息和调整，个体仍

[①] 刘芳：《脑卒中康复护理》，厦门大学出版社，2018，第33页。

有可能恢复健康。但是，如果压力源持续存在且个体未能有效适应，处于能量耗尽而仍在经历压力的个体将面临严重的风险，此时患上疾病甚至死亡的风险会显著增加。

（二）职业压力

职业压力（occupational stress）也称为"工作压力"。在理想状况下，工作能为个体提供专业成就感、创造性发挥的平台以及经济增益的途径，但也被众多员工视作压力的根源。如美国压力研究所院长保罗·罗斯（Paul Rosch）医学博士所述，在当前美国社会中，职业或工作相关压力的水平已处于历史高位，他将工作压力定义为"个人认为的需要承担的职业责任，但很少有决策权"。[①] 潘拉索拉曼（Parasuraman）和阿卢托（Alutto）认为，职业压力是个体在工作环境中遇到许多与工作相关的要求或限制时体验到的困扰情感的心理反应状态。[②]

我国学者石林认为，职业压力是个体需要付出较大努力才能完成工作要求，并且为了适应这些工作要求所产生的各种生理和心理反应。[③] 元琴认为，个体产生职业压力是由于工作环境中存在一种或多种压力源且长期地、持续地作用于个体，在个体及应付行为的影响下，形成一系列生理、心理和行为反应的状态。[④]

据此可见，职业压力主要由职业需求强加于个体，迫使其进行超出常规功能的调整而产生。影响个体是否经历职业压力的3个核心因素包括重要性、不确定性以及持久性。

（1）重要性作为职业压力形成的关键驱动力之一，源于个体对特定事项的高度关注，这种关注往往基于事件本身对个体具有重大价值。例如，个体面对公司的临时裁员时，如果这份工作对其越是重要，那么他所感受到的压力也就越大。

（2）不确定性的压力源于对未来事件或情境的预测，其中结果的极端确定性并不引发压力。例如，当问题容易解决或彻底无解时，感受到的分别是无压力和绝望，而非压力本身。压力的产生依赖于成功的可能性与结果的不确定性之间的关系。学术研究表明，当个体能力与所面临问题的复杂度相匹配时，

[①] 布赖恩·卢克·西沃德：《压力管理策略：健康和幸福之道》，许燕译，中国轻工业出版社，2020，第34-36页。

[②] Parasuraman S, Alutto J A, "An examination of the organizational antecedents of stressors at work," *Academy of Management Journal* 24, no.1 (1981): 48-67.

[③] 石林主编《职业压力与应对》，社会科学文献出版社，2005，第78页。

[④] 元琴：《IT员工职业压力及其干预研究》，华东师范大学，硕士学位论文，2004年。

个体的压力感达到最高点,原因在于难度与能力的接近增加了结果的不确定性。

(3) 就持久性而言,特定要求对个体的影响时间越长,则相应的压力也会增大。短期内的不快体验可能仅引起轻微的不安感。然而,若此状态延续较长时间,则可能导致极度的不安。虽然大多数人能够承受短暂的失眠而不过分烦恼,但长期的睡眠困扰将消耗人大量的生理和心理资源。即急性压力可能持续几秒、几小时甚至几天,而慢性压力则可能持续数月甚至数年。

(三) 教师职业压力

教师职业压力又称教师工作压力,是指教师个人与工作交互作用过程中,在面对内在和外在需求时,感到难以采用既有的资源和经验加以处理,从而产生各种威胁性因素,这些因素让个体产生无法适应的负面主观感受和情感反应。[1] 如表2.1所示,国内外学者关于"教师职业压力"的定义给出了不同见解。

表2.1 教师职业压力的内涵

年份	学者	主要观点
1982	Moracco	当教师幸福与自尊受到威胁时,使其心理平衡发生改变的影响[2]
1985	Litt 和 Turk	当教师幸福受到威胁,且所要解决的问题超过其能力范围时,所产生的不愉快情形与困惑的经验[3]
1995	Borg 和 Baglion	教师消极情感的一种反应,这种反应伴随着由教师职业所引起的潜在的病理性的生理变化,并为对那些威胁到个体自尊感的因素的知觉以及减轻这些威胁的应对机制所调节[4]
2002	詹美春	教师对学校工作的主观感受,从人、事、物所知觉的感受,如紧张、困扰、挫折、沮丧、愤怒等[5]

---

[1] Borg M G, "Occupational stress in British educational settings: a review", *Educational Psychology* 10, no.2 (1990): 103-126.
[2] Moracco J C, McFadden H, "The counselor's role in reducing teacher stress", *The Personneland Guidance Journal*, no.5 (1981): 549-552.
[3] Litt M D, Turk D C, "Sources of stress and dissatisfaction in experienced high schoolteachers", *Journal of Educational Research*, no.3 (1985): 178-185.
[4] 李虹:《教师工作压力管理》,中国轻工业出版社,2008,第35页。
[5] 张晓龙:《关爱教师从心开始:教师心理保健》,吉林大学出版社,2011,第96页。

续表

年份	学者	主要观点
2002	徐富明	教师在工作环境中连续不断地受到要挟性的压力源作用后所产生的心理失衡①
2011	郑有珠	教师职业压力是指由与教育活动有关的烦恼事件、工作环境等因素引起的一种精神状态及相应的行为表现②
2013	郑晓芳	指的是教师由于工作方面的原因如工作时间过长、工作负荷过重、班额过大、学生行为不端而导致身心疲劳过度、神经紧张挫折、折磨等的一种不愉快的消极的情感体验③

本书综合国内外学者的研究成果，将"教师职业压力"定义为：教师因自身资源不能应对职业要求而产生的负向情感体验，伴随着一系列生理、心理、行为等反应过程，且受到个体特质及个体认知因素等应对机制的控制和调节。教师职业压力具有以下4个特征。

（1）教师职业压力的产生是一个动态的过程。教师职业压力的出现一般以个体受到某种客观外界压力环境的威胁和刺激开始，到个体感知并评定压力的现实存在，再到个体感受到压力事件与个人已有资源等有所矛盾后产生的一系列身心及行为的变化过程。

（2）教师职业压力产生的客观性。教师职业压力的产生往往伴随着客观的外在环境，即压力情景。压力情景包括所有使个体产生强烈刺激的客观事件或环境，譬如自然灾害、危机事件、健康问题、法律纠纷等，是由一种或多种内外部刺激所造成的身心压迫状态，是个体产生职业压力的外在诱因。

（3）教师职业压力产生的主观性。当外部刺激出现时，仅仅是潜在的压力源，即有某种压力源的存在并不意味着会产生相应的行为反应，只有当个体感知潜在的压力造成了个体内外的紧张压迫感，并出现一系列心理、行为反应时，潜在压力才会上升为压力事件。一方面，同一事件对不同个性、不同职业阶段、不同认知水平的人所造成的影响是不同的。在此过程中，个体的个性、认知方式及应对方式充当了主要的中介因素。另一方面，职业压力的情绪和反应是多方面的，不仅会产生消极情感体验，还会伴随生理和行为反应。教师职

---

① 徐富明、申继亮、朱从书：《教师职业压力与应对策略的研究》，《中小学管理》2002年第10期，第15-16页。
② 郑有珠：《教师职业压力及压力源分析》，《黑河学院学报》2011年第1期，第50-52页。
③ 郑晓芳：《中小学教师职业压力对职业倦怠和工作满意感的影响研究》，吉林大学，博士学位论文，2013年，第2页。

业压力的产生部分源于教师个体的评估机制。

（4）教师职业压力产生的多维性。教师职业压力的多维性体现在，一方面，教师面临着来自工作本身的直接压力，如备课、批改作业、教学等本职工作的繁重；另一方面，还存在间接压力，比如与同事、校方和家长的沟通和协调，以及对学生的情感投入和心理辅导。此外，信息技术的快速发展和新教育技术的应用也要求教师不断学习和适应，为教育创新做出努力，进而可能造成额外的压力。

二、教师职业压力的特征

教师职业压力既有其他职业活动的一般性特点，如高工作量、时间管理困难、情绪劳动压力、职业稳定性和发展挑战以及人际关系管理复杂性等，也有其特殊性，主要表现为教师职业压力的来源多样性、精神压力较大、个人特质差异性等特征。

（一）来源多样性

职业压力的产生是逐渐累积、逐步发展的过程。我国中学教师的职业压力既来源于教师职业的特殊性，又受到我国传统文化和教育现状的影响，同时还表现出当前教师压力发展变化的新趋势。具体来看，教师职业压力来源的多样性主要体现在工作负担压力、角色职业压力、学校管理与评价、学生问题、家长期望以及个人需要等多个方面。

（1）中学教师工作负担过重已成为普遍共识，对于中学教师来说，上课、批改作业、课外辅导等，每天的工作时间远远超过 8 小时。研究者以全球经济合作与发展组织（Organisation for Economic Co-operation and Development，OECD）官方公布的"教学与学习国际调查"（Teaching and Learning International Survey，TALIS）2018 教师及校长问卷数据为基础，分析上海教师的工作压力水平、工作环境质量对这一压力水平的影响，以及压力与教师工作满意度之间的关系等，发现上海教师最主要的工作压力源于学生的学习成绩以及与之相关的教学工作，包括批改作业和备课等。[①]

（2）对于教师职业而言，角色职责压力是教师行业特有的压力源。教育教学过程是人际互动的过程，教师的工作对象是有思想感情、有主观能动性的活生生的人，这一特点决定了教师工作的复杂性。教师一方面要给学生传授知

---

① 朱雁：《中国上海教师的工作压力水平及其对工作满意度的影响——基于 TALIS 2018 数据的实证分析》，《全球教育展望》2020 年第 49 卷第 8 期，第 117－128 页。

识，另一方面又要给学生树立为人师表的榜样。另外，在科技、信息高速发展的今天，学生的民主意识、参与意识、主体意识都得到了极大发展，传统的教育观念和教育方法受到严峻挑战，所以教师在角色职责方面的压力越来越大。

（3）学校的管理评价制度给教师带来了较大的压力。通过对上海8个区域近800位教师工作压力调查发现，学校管理、考核评价、同事关系等给教师造成了较大的压力。① 教师招考录用、轮岗交流等方面人事权的越位，教师考核评价中的权力滥用，以及教师日常管理中的行政执法责任缺位，使教师生存状况堪忧。②

（4）学生问题给教师带来较大的压力。通过对北京5255名中小学教师进行问卷调查发现，学生缺乏学习动机、学生能力差异大以及担心学生考试成绩不好成为教师职业压力的重要来源。③

（5）家校沟通以及家长的过高期望给教师带来较大的压力。英国教育标准办公室（Office for Standards in Education, Ofsted）的研究报告指出，与家长沟通以及建立关系等方面极大增加了教师的工作压力，其中包括家长对教师过高的期待、频繁的电子邮件等。④

（6）教师自身经历、职业期望、自我发展需要等也容易造成教师心理压力。⑤

由此可见，教师职业压力来源具有多样性，既有来自学校、学生、家长的外部原因，也有教师个人的内部原因，内外背景交织下导致教师职业压力问题日趋严重。

（二）主要偏向精神压力

所谓精神压力，是指人们在面临困难环境时所产生的自然反应，表现为焦虑、抑郁、矛盾等心理感受。⑥ 教师职业的特殊性和复杂性决定了教师需要倾

---

① 郅庭瑾、马云、雷秀峰等：《教师专业心态的当下特征及政策启示——基于上海的调查研究》，《教育研究》2014年第35卷第2期，第96-103页。
② 鲁子箫：《中小学教师队伍行政管理的权力边界及其规范——基于西部H县的调查》，《教师教育研究》2020年第32卷第6期，第47-53页。
③ 李琼、张国礼、周钧：《中小学教师的职业压力源研究》，《心理发展与教育》2011年第27卷第1期，第97-104页。
④ 傅瑜倩：《英国：长成为教师焦虑和工作压力的主要原因》，《人民教育》2019年第19期，第39页。
⑤ 赵建华：《中学教师职业压力及自我心理调控策略研究》，《心理科学》2002年第3期，第373-374页。
⑥ 冒荣、贺晓星、穆荣华等：《无觅桃花源何处好耕田——高校教师精神压力问题初探》，《高等教育研究》1997年第4期，第34-39页。

注大量的情感和精力，且其价值体现无法获得即时回馈，而主要从事脑力活动的教师因其对知识和精神的追求以及较强的社会责任感，则比其他社会成员承受更多的精神压力，更容易产生职业压力以及失去心理平衡。

一方面，教师的劳动任务具有特殊性。教师职业有"为人师表""诲人不倦""学高为师，身正为范"等要求，在某种意义上，教师自身对学生是一种示范，促使教师自身严于律己，对自己各个方面提出更高要求。教师在教育过程中面临多项任务，不仅要传授科学文化知识和培养学生的技能，发展学生的智力，还要帮助学生形成好的思想品德，促进学生的身心健康；既要了解学生个体，又要立足于学生整体，还要对教学任务进行重组加工，以适应学生的身心发展水平与满足兴趣；既要观察学生反应，调动学生学习积极性，又要对教学过程、教学结果进行评估，及时做出调整，以利于教学方法的改进和教学质量的提高。由此可见，教师的劳动任务是特殊的、复杂的、具有示范性的，同时也是比较容易产生精神压力的。另一方面，教师劳动对象具有差异性。教师的劳动对象是能动的、处在不断的发展变化之中的、千差万别的人。教师需要在同一个时空条件下，面对全体学生，实施统一的课程计划、课程标准，同时根据每个学生的实际情况因材施教。然而，影响学生发展的因素是广泛的，学生进入校园后，仍然直接或间接地受到社会和家庭的影响；尤其随着科技的发展，大众媒体的普及，以及同喻文化、后喻文化的逐步形成，个体、社会及同伴群体对他们的影响也越来越大。教师劳动的复杂性造成教师较大的精神压力。

（三）个人特质差异性

教师职业压力的形成一方面源自外在的客观的压力情境，另一方面源自主观的感知和评估。每个教师都是具有差异性的独立个体，对不同的压力源敏感性各不相同，其中人格特质、自我效能感和归因方式对教师职业压力的感知影响较大。

人格特质指的是在不同的时间与不同的情境中保持相对一致的行为方式的一种倾向，是在组成人格的因素中，能引发人们行为和主动引导人的行为，并使个人面对不同种类的刺激都能作出相同反应的心理结构。众多研究发现，人格特质是影响教师职业压力自我感知的重要因素之一。情绪稳定性较差的教师更易感到职业倦怠，而外倾性、宜人性、严谨性和开放性的教师更倾向于采取积极的行动面对负性环境。同时，人格特质与应对方式密切相关，不同人格特质的个体倾向于采用不同的应对方式。例如，遇到挫折时，外倾人格和宜人性高的个体更倾向于向他人求助。相反，高神经质的个体面对困难更容易产生挫败感和过激反应，其应对困难的方式既消极又无效。应对方式作为个体面对压力情境时所采取的认知和行为方式，也会影响个体的职业倦怠。即在相同的刺激环境下，不同个人特质所感受到的压力各不相同。譬如，内向性格教师相比外向性格教师对压力刺激的觉知和反应性更高；个性随和、看淡得失的B型性格教师相比争强好胜、缺乏耐心、竞争意识强的A型性格教师压力感受更小。

自我效能感同样影响教师对压力的感知。自我效能感指个体对自己是否有能力完成某一行为所进行的推测与判断。自我效能感主要通过其对行为选择、毅力和付诸的努力、情感和思维方式的影响从而对社会交往、认知加工和情感变化产生作用。按照班杜拉的观点，自我效能感主要通过四种过程调节人们的行为，分别是认知过程、动机过程、情感过程和选择过程。这四种过程通常协同工作而非独立运作，共同对人们的行为进行调控。研究发现，自我效能感同样是影响教师职业压力感知的重要因素。其中自我效能感与焦虑、抑郁等消极情绪出现频率存在着显著的负相关并且会影响个体神经生理系统功能。[①] 影响自我效能感的因素包括过去的成功经验、朋辈的经验、朋友游说以及自我的身体和情绪状况等。当面对工作中的逆境时，低自我效能感的教师将其视为威胁，因而容易产生焦虑情绪和悲观反应，表现在教师焦虑、紧张情绪容易被唤起，不愿做出更多的努力和改变，面对工作困难容易产生失控感、压力感，长此以往甚至产生职业倦怠。此外，教师个人的成长经历也会影响其压力感知度，高自我效能感的教师在面对工作问题时情绪较稳定，相信自己能够驾驭形势、摆脱困境，并且会产生更强的工作动机，对工作表现出极大的热情和兴趣。

教师个体的认知方式影响其对压力的感知。譬如，不同的归因方式影响个人期望和个人行为，导致个体具有不同的压力敏感性。倾向于内部归因方式的教师习惯于把教学效果欠佳、课堂纪律混乱、学生学业及行为的好坏等问题归因于自身因素如能力和努力，认为需要进行自我反思和调整积极地促进教育教学活动；而倾向于外部归因方式的教师则习惯于把工作中出现的问题归因于外部因素如运气和环境，这样的教师当面临工作问题时可能出现消极回避态度，产生更深的职业压力。

---

① 庞丽娟，洪秀敏：《教师自我效能感：教师自主发展的内在动力机制》，《教师教育研究》2005年第4期，第43－46页。

第二节 教师职业压力产生的原因

一、教师职业社会期待与实践困境

新一代人工智能引发的信息技术革命引起了全世界范围内深刻的教育变革,而面对巨大的变革,教师感受到了前所未有的压力。教育改革对教师的理论素养、教学方式、创新能力提出了新的要求。但个人能力和素养的提高并不是一蹴而就的事情,需要付出长期而艰巨的努力,其中,职业要求与个人能力往往存在现实冲突,导致教师因超越自我舒适地带的未知性和不安感而产生焦虑等负性情绪。比如教师可能提出这样的疑问,我投入大量的时间和精力会产生实质性的效果吗?以往的教学经验还适用于现在的新课程改革吗?怎样和同伴进行合作?怎样兼顾教学和科研?当教师认为自己的付出与回报不成正比并且是被迫执行改革政策时,就会产生抵触情绪与逃避应对方式。其次,社会舆论把教师置于较高的道德标准之上。教师必须严格自律,时刻以良好的形象示人。但是在实践中,社会各界往往忽视了教育教学质量的提升除了需要教师的努力和奉献外,还需要其他社会成员,如家长、学生的配合才能实现。在高期望值的驱动下,社会和家庭把所有的期望都压在教师身上,容易造成教师职业压力较重的局面。此外,社会舆论对教师持有双重标准,在师生关系中往往把学生作为弱势群体,一旦出现负面报道则会引起全社会一边倒的热议浪潮。长此以往,使教师在教学和班级管理过程中不得不保持警醒,给教师的日常工作和心理健康加重了负担。

为推进教育公平,相关教育部门采取划片招生、就近入学等措施,此政策促进了适龄儿童实现基本的教育机会均等权利,但班级成员构成的复杂性同样给教师带来了期望两极化的无形困扰。一方面,高期望值家长对优质资源的渴望加重了教师压力。伴随着国家优先发展教育的目标指引,我国国民素质的不断提升,学生家长中不乏专家型、教育型的家长,越来越多的家长对子女的未来发展抱有极大的期望。家长的高期望和教师高度的社会责任感让越来越多的教师承受着压力带来的负性体验。另一方面,低期望值家长的不理解与不配合加重了教师的压力感。随着社会竞争的日益激烈,很多家长因为忙于工作而无暇顾及子女教育。部分家长认为自己是委托人,而学校则是培育人才的专门性机构,教师是受托人,把本该自己承担的教育责任完全出让给学校和教师,对于教师要求家长配合的工作不管不顾、不理不睬。此外,另有部分家长出于溺爱的心态，当孩子出现问题需要家长配合教育时却总站在孩子的角度思考问题，与学校鼓励家校协同育人的初衷相违背，加大了教师的工作难度和工作负担，使教师产生较大的压力。

二、教师工作时长与负担异化

教师职业的特殊性导致教师工作时空的相对无限性，加重了教师的职业压力。具体来讲有以下三个方面。

（1）教师工作时间过长。根据我国《劳动法》规定，每周工作时间不应超过44小时，而有研究显示，我国中小学教师平均每周工作时间达到52.54小时。① 此外，教师用于教学工作和非教学工作的时间结构分配失衡，非教学工作时间显著高于教学工作时间。② 超长时间的工作待机对教师的身心伤害不容小觑，以致有教师提出《我的一份呐喊》。③

我的一份呐喊

我是从事初三教学十多年且在南海市一所中学担任班主任工作多年的中年教师。现在教师的工作太累，比如我校的教师每天除了从早上6:30至11:50，下午从13:55至17:30（初三下午还要体育训练至17:45），这些所谓的正常上班（9个小时）外，还要求教师在晚上"坐班"。班主任就更惨，中午（12:20-12:40）还要陪着学生自习，晚上还要来。除了繁忙的五天工作之外，周五晚还要到学校参加教师中级电脑考试与辅导；周六体育模拟测试；周日下午初三学生返校"自修"（补课）老师要跟着，周日晚上还要科任教师包括班主任都要下到班级辅导（除安排每周坐班之外，一周不得少于两晚）等。动辄就是"必须""服从"，否则"考评""下岗"。面对当前严峻的就业形势和来之不易的工作，谁又敢说个"不"呢？难道这些教师、班主任就不需要正常的休息和有足够的时间去学习和钻研业务？教师就不应该有属于自己的自由空间吗？

（2）教师工作负担异化，使教师难以实现潜心教书、静心育人。教师除了学校例行工作外还包括隐形的非例行工作。具体而言，例行工作包括备课、上课、批改作业、班级管理、家校沟通等，非例行工作包括组织学生竞赛、指

---

① 李新翠：《中小学教师工作量的超负荷与有效调适》，《中国教育学刊》2016年第2期，第56-60页。
② 李新：《教师的工作负担及其影响因素研究》，《上海教育科研》2019年第3期，第78页。
③ 金梁：《教师身上有几座山》，科学技术出版社，2019，第61页。

导兴趣小组、参加进修培训、上公开课、听课磨课、教学比赛以及迎接检查等。教师在教师工作倍增且职责被无限扩大的背景下缺少自我恢复、自我反思、自我成长的时间和空间。

（3）科学技术的发展让学校与家庭联结更紧密，但同时也增加了教师的工作压力。一方面，微信、QQ等社交媒体软件虽然有利于家校沟通，但挤占了教师下班后的休息时间，家长沟通和其他非教学事务不断延伸了教师的隐性工作时间。另一方面，社交媒体的浮躁性特征，使信息的编辑不是最重要或最紧急时才字斟句酌、考虑再三地发送，而是即刻编辑后发送出去并希望得到对方立刻响应，"即时回应文化"使教师在下班后依然困于教学管理的琐务之中。

三、教师职业成长的结构性障碍

习近平总书记在中国科学院第十七次院士大会上强调，要发挥好人才评价"指挥棒"作用，为人才发挥作用、施展才华提供更加广阔的天地。[①] 广大一线教师较为关心的问题是职称晋级的公平性和公正性问题。教师职称晋级不仅能提高教师的工作待遇和社会地位，而且能满足教师自我实现的需要，是教师产生工作积极性的重要推动力。但现有评价机制使教师产生了较大的心理压力。

首先，学校的职称名额有限，对于人才济济的学校而言，晋级竞争往往愈发激烈，甚至引发恶性竞争，职称评审中等级量化的评价方式虽然体现了公平性，但也在一定程度上掩盖了教师的隐性付出和努力，譬如教学效果、日常工作表现、道德素质。将评优晋级简单地等同于计件管理缺乏科学性和合理性。其次，教师评价制度会对教师专业化发展产生重要影响，但现有评价制度的目的是"如何使学校正常运转"，而较少考虑到是否有助于教师的专业发展。一方面，许多学校制定的绩效和管理考评制度将考评结果与教师的奖惩直接相关联，譬如领导一票否决制、末位淘汰制、全日坐班考勤制等，抑制了教师创造性和主动性的发挥，使教师时常陷于高度紧张的工作状态中。另一方面，考评标准注重总结性评价，以学生的考试成绩和教师的科研项目衡量教师的专业发展结果，忽略了教师劳动滞后性、周期性、复杂性等特点，从而加重教师心理负担，并带来职业压力。

---

① 习近平：《在中国科学院第十七次院士大会、中国工程院第十三次院士大会上的讲话》，《人民日报》2014年6月10日第2版。

四、教师责任心的自我施压

教师职业特征要求教师具有较强的责任心,责任心驱使教师产生压力,一是当学生成绩不理想时,除了考虑到学生的自身因素,出于作为教师的使命感和责任感,教师更多地倾向于自我反思、自我审视。出现譬如"是不是自己的教学方式不对""是不是自己的能力不足"等自我怀疑倾向,导致低自我效能感,加重职业压力。二是随着社会发展与科学技术的进步,文化的多样性、价值的多元性不断冲击着人们固有的价值观念。学生作为特殊的社会群体,个人思想的独特性、自主性、多样性逐渐增强。但是,学生应对社会冲击的抵抗力普遍不强。除了日常生活和社会生活中的安全问题,学生心理问题激增所引发教师的挫败感是教师职业压力的重要来源。卫萍等通过对合肥市 1480 名中小学生进行心理健康状况调查发现,中小学生的心理问题检出率高达 55%。[①] 学生心理问题日益突出的背景下,教师由于自身能力限制不能对学生进行适当的心理辅导帮助学生走出囹圄,自身产生强烈的无力感和自责感。

五、教师职业角色与家庭角色的冲突

教师需要同时适应学校和家庭两个相对独立的生活领域,但是教师职业具有时空交叉性特征,教师原本在家的休息时间可能还需要承担备课、批改作业、与家长沟通等事宜。当工作与家庭相冲突时,两个空间多维度的社会角色,容易使教师产生职业压力。学校发展需要教师具备更强的综合竞争力,需要教师在工作场域投入更多的时间和精力,但每个个体的内在资源是有限的,当工作负担沉重时就需要从家庭领域的角色中调取资源,这就产生工作角色和家庭角色间的冲突。

第三节 教师职业压力的影响

国内外研究者从健康和医学的角度将压力分为积极压力和消极压力。心理学家哈特尼(Hartney)认为积极压力是个体对外界环境做出有效应对后的积

[①] 卫萍、许成武、刘燕等:《中小学生心理健康状况的调查分析与教育策略》,《教育研究与实验》2017 年第 2 期,第 91-96 页。

极心理反应,以积极的心理状态作为衡量标准。[①] 适度的压力能够大幅度改善个体的身心健康,提高运动和认知能力,激发自我潜能,增添工作乐趣并帮助个体更出色的完成工作任务。但是当压力过度且打破个体内外平衡状态时,将会产生一系列生理、心理和行为方面的不良影响。本节从积极和消极两个方面阐述教师职业压力带来的影响。

一、教师职业压力的积极影响

职业压力在现代社会中普遍存在,并常常被认为是对个体心理和生理健康的一大威胁。然而,从一个更细致的角度观察,可以发现职业压力在一定条件下也能产生正面效应,主要表现在生理、心理和工作表现等方面。

（一）积极的生理影响

适度的职业压力可以对个体的生理健康产生有益影响。当工作压力维持在一个恰当的水平时,这种压力状态可以促进个体免疫系统功能的提升,增强其对病原体如细菌和病毒的抵抗能力。同时,适应性的压力反应可减少生理功能失调的风险,从而降低因紊乱引起的生理性疾病及对身体健康的潜在威胁。此外,适度的职业压力还可以激发个体产生正向的生理调节机制,包括不断增强的工作活力、集中的注意力以及不断提升的任务处理效率。在这种状态下,教师往往能够以更加积极主动的姿态高效地解决工作挑战,并且对环境变化所导致的逆境具备较好的适应性和抗压力。因此,适度的职业压力作为一种激励的来源,有助于个体发挥最大潜能,同时保持生理健康和工作积极性。

（二）积极的心理影响

在职业心理学与应用心理健康的研究领域,适度的职业压力作为一种潜在的积极心理刺激,被认为能够促进个体心理健康。适宜水平的工作压力被视为催化剂,有助于引发正面情绪反应,例如产生幸福感、满足感、成就感和愉悦感,并可有效减少焦虑、痛苦和愤怒等负性情绪的发生频率。这种情绪上的平衡对于个体的自我效能感的提升至关重要,可以促进心理资本的积累,包括希望、韧性、乐观和自信等。此外,适度的职业压力通过优化自我认知与心理调节功能,还可以增强个体的心理适应性和解决问题的能力,形成更有效的应对策略,提高工作投入度及解决方案的创造性。从积极心理学的角度来看,将适度压力转化为挑战而非威胁,能够促进个体的成长心态和终身学习。这种成长

---

① 伊丽莎白·哈特尼:《教师压力管理的 10 堂课》,曾珊译,中国青年出版社,2009,第 26 页。

导向不仅让个体在面对困难时展现出更好的适应性和恢复力,还激励其在追求职业发展过程中保持积极主动的姿态,同时,应对压力的过程还可增强个体的心理韧性,从而提高其面对未来挑战时的适应和应变能力。因此,深入探索职业压力及其对心理健康的影响,以及如何通过有针对性的干预措施来调节压力水平,是实现个体最佳心理状态和优化工作表现的关键。学校及教师管理部门应设计并实施有效的压力管理程序,例如提供适时的心理支持、建立合理的目标设定机制和开展职业发展规划等,以促进教师能够在适度压力的环境中充分发挥其潜力。

(三) 更出色的工作表现

适度的职业压力能够在一定程度上提升个体的生理和心理激素水平,从而对工作绩效产生正面影响。从自我决定理论的视角来看,适度的职业压力可以增强教师的内在动机,促使他们为实现个人和学校教育目标主动付出更多的努力。适度压力下的工作经验促进教师形成有效的应对策略,帮助他们在未来遇到类似挑战时展现更好的教育智慧。这些策略包括时间管理、优先级设定以及建立健康的工作和生活界限。例如,在时间管理这一领域内,适量的压力可以作为一种促动机制,迫使教师采取更为高效的时间分配策略。从个体发展的视角来看,处于压力环境所获得的工作经验是推动个人职业发展的重要因素之一。它激励教师探索新技能,吸收新知识,从而有助于他们职业的长期规划和发展。因此,一个适中的挑战性工作环境能够有效激励教师追求卓越,以创新的方式来应对工作中的各种挑战。教师通过不断地学习和适应,积累了宝贵的知识和技能,这不但增强了他们的职业能力,还可能产生更高的工作满意度及更低的工作离职率。

二、教师职业压力的消极影响

健康心理学和行为医学领域的研究显示生活压力和慢性病之间有着密不可分的关系,压力引起的身心反应若不能获得有效纾解,会对身心健康产生不利影响。1914年哈佛生理心理学家沃特·坎农首次提出"战或逃反应",即身体面对压力时有两种模式:攻击以保护自己或逃走以躲避危险。不管是真实的情境或想象的威胁,都会引发压力反应。后来汉斯·塞利提出一般适应症候群(general adaptation syndrome,GAS),认为身体试图适应压力的过程分为三个阶段:预警阶段、抵抗阶段、衰竭阶段。[①] 预警阶段即沃特·坎农所说的"战

---

① Selye H, *Selye's Guide to Stress Research*: *Volume I* (New York: Van Nostrand Reinhald, 1980)

或逃反应"，身体会在抵抗阶段中动用自身的资源试图恢复平衡状态，当一个或多个身体器官无法承受持续被激活或过快的新陈代谢时，就会导致部分身体衰竭。在压力情境下，不管是面临真实的或想象的压力，大脑都会解读此刻遇到了危险，随即交感神经系统开始释放大量的肾上腺素、皮质醇，使得血压升高、心脏跳得更快、呼吸急促，心脏血管不断涌出大量血液，血小板以为动脉受损则会大量聚集到动脉壁要执行止血行为。若没有真的伤口确实需要止血，长此以往会形成心血管堵塞。其次，如果长期习惯以抽烟、饮酒、吃东西过量来应对压力，亦会导致肺、肝、胰岛功能受损，最后逐渐发展出各种慢性病，包括高血压、心脏病、中风、糖尿病、癌症等。因此，如果我们未能及时纾解压力，长久下来身体就会不堪重负而出现身心疾病。除了慢性病的产生，压力的累积也容易让我们感到焦虑和忧郁。现代的生活步调及生活方式让我们不堪重负，从儿童青少年、成人到老年人，不同年龄层有不同的压力源，当这些压力未能调适或寻求出口时，长期下来，就会成为酝酿身心疾病的温床。对于教师而言，过大的职业压力易引发教师不良情绪，导致教师生理疾病，增加消极行为，不利于学生的整全培养，破坏教师群体凝聚力。

（一）引发教师不良情绪

教师作为一个需要高情感投入和高责任感的职业，较易产生职业倦怠。研究指出，众多教师自主报告他们不再拥有入职之初的激情和积极性，常常感受到对工作的热忱与奉献减少，对学生缺乏同情和支持，不能忍受学生在教室里的捣乱行为，甚至表现出焦虑、抑郁、紧张和担忧等一系列负性情绪。[①] 这些情绪通常与对未来充满不确定性的教育改革的恐惧、突破个人舒适区域的不适应、对自身专业能力的不足感、因工作量激增产生的厌倦、对评价体制公正性的不满以及对学校文化所导致的孤立无援的感觉紧密相关。负性情绪的长期累积和持续，对教师的精神风貌和身心健康造成深远影响，甚至可能导致教育质量的整体下降。此外，长期承受广泛的职业压力可能诱发包括认知障碍在内的多种心理问题，从轻微的注意力分散到严重的偏执性障碍或价值观的失衡，这些问题进一步降低了教师有效解决问题的能力。教师因此失去客观性和自我反思的能力，变得更加敏感和易怒，这不仅妨碍了其在专业发展上的进步，还可能损害师生关系，影响学生的学习和成长。

（二）导致教师生理疾病

诱因产生后果，后果反之会强化诱因，形成反馈与循环。身与心是高度相

[①] 王莉、王俊刚：《教师职业倦怠与应对》，中国文联出版社，2007，第77页。

互依存相互映照的，身体的不适会影响到心理，而心理的不适也同样会影响到身体。从心身整体视角来看，压力是导致一系列身心问题的关键因素。譬如心身障碍（如焦虑障碍）、心身疾病（如高血压、冠心病）与代谢疾病（如糖尿病、部分高血脂）、众多自身免疫疾病（如强直性脊柱炎），都是压力在不同身体部位、不同阶段的表现。心理对生理的影响是一个由浅入深、由表及里的过程，其对生理疾病的显现具有滞后性、隐蔽性等特征。在现行科学研究领域，已有证据指出，75%～90%的内科疾病与心理压力之间存在显著联系。这包括了一系列当前高发的疾患，如冠状动脉疾病、支气管哮喘、糖尿病、恶性肿瘤、甲状腺功能亢进及肠易激综合征等。① 在传统中医实践中，这些问题被归类为情志相关疾病。"日常的情绪及思维活动就像河流，而承载这些心理活动的物质基础——神经网络就像河道。如果河流冲击力过大对河道的局部不断冲刷，可能造成河道走向改变。新走向、新形状的河道又塑造了河流流速、深浅等特性。"②

一方面，压力的长期存在使皮质激素被激活，如果人体内皮质醇含量长期居高不下，免疫系统机能就会受到影响，出现免疫力下降等相关疾病。压力导致教师身体能量被过度耗尽、持续的精力不济、极度疲劳、头疼、肠胃不适、高血压、失眠、神经衰弱等症状。长期超负荷工作引起的亚健康状态会带给教师较大的压力。亚健康是处于健康和疾病之间的一种临界状态，③ 此状态容易引起心脑血管、脊椎、消化系统及呼吸系统等方面的疾病。教师由于职业特性和工作习惯可能存在更多的疾病隐患，譬如，教师由于需要长期伏案备课引起的颈椎不适；课上板书吸入粉尘可能引起的咽喉和肺部疾病；批改作业引起的眼部不适；上课时长期用嗓过度导致慢性咽炎等。这些由于工作造成的身体不适，无疑加重了教师的心理负担。另一方面，压力状态下由肾上腺皮质释放的醛固酮增加了血流量使血压升高，肾上腺皮质的长期兴奋使个体出现高血压、冠心病、头痛等生理疾病。④ 多项研究表明，当个体存在较大的心理压力及消极的应对方式时，容易触发个体高度警觉的应激状态，使个体的防御反应以及心血管活动处于高水平状态，导致心血管疾病的发生。⑤ 职业压力较大的教师还会出现身心衰竭等一系列特征，如表现出生理耗竭、认知枯竭、情绪衰竭、价值枯竭等。

---

① 张于琴：《女性心理学》，中国商业出版社，2023，第113页。
② 张海敏：《焦虑障碍的正念疗愈之路》，华龄出版社，2023，第65页。
③ 袁保丰：《膏方调养亚健康》，科学技术出版社，2019，第61页。
④ 利兹·霍尔：《正念教练》，李娜译，译林出版社，2014，第139页。
⑤ 叶任高：《内科学》，人民卫生出版社，2002，第39页。

（三）增加教师消极行为

情绪情感和生理感受是影响人们态度、见解和行为的重要因素。正如麦戈瑞格（McGregor）所言："情绪会影响一个人的行为，包括影响其思考力、推理力和决策力。"[①] 教师因长期的负性情感体验和亚健康身体状态导致其消极行为增多。一方面，研究者发现高压力环境下容易导致个体的短视行为，其短视决策往往不符合社会的整体和长远利益。[②] 譬如，教师在压力事件影响下容易出现急功近利、逃避敷衍、消极应对等短视行为，从而影响个人专业发展和教育教学质量。长此以往，压力较大的教师表现出一种去人性化特征，教师以一种消极的、否定的、麻木不仁的态度和冷漠的情绪去对待自己的家人、同事或学生，对他人不信任，无同情心可言，冷嘲热讽，把人当作一件无生命的物体看待，肆意贬损学生，疏远学生，甚至这样对待自己的家人或孩子。由于对他人的过度反应，常导致人际关系恶化。或者采取攻击性行为，极端情况下打骂学生或自己的孩子。极端的倦怠状态甚至会导致教师出现自伤或自杀的行为。另一方面，当教师经历自己无法逃避的刺激，深陷内外压力漩涡无法自拔时，容易产生"习得性无助"，进而导致教师消极应对职业困境的心理定势。习得性无助是指当个体通过以往经历意识到自己无法控制周围环境或可能发生在自己身上的事，开始以一种消极无助的方式去思考、感受或行动的状态。[③] 这种状态使个体与工作之间形成非建设性关系模式，造成个人低成就感。同时，在此特定的行为缺陷模式中，个体会产生动机降低、惯性依赖反应、社会行为减少等行为倾向。[④] 比如，有的教师对课程参考书过分依赖、缺乏创新性和主动性、减少和放弃部分日常工作等消极行为现象。有的教师表现为空虚感明显加强，认为自己的知识无法满足工作需要，尤其是难以胜任一些变化性的工作。有的教师不能适应知识的更新和不断变化的教学要求，感到无助和挫败，进而减少心理上的投入。有的教师认为工作是一项枯燥乏味、机械重复的繁琐事务，因而无心投入，导致其价值观和信念突然改变，个人成就感降低，对自己工作的意义和价值的评价也随之降低。总之，教师职业压力的消极影响不仅会影响到教师个人行为，还会到渗透到师生关系、亲子关系、教育质量等更深远、广阔的层面。

[①] 麦戈瑞格：《行为科学与管理》，韩禹译，北方妇女儿童出版社，2017，第28页。
[②] 陈希希、何贵兵：《压力使人短视？来自跨期决策的证据》，《应用心理学》2014年第20卷第1期，第3-10页。
[③] 周正、宁宁：《职业压力对小学教师职业认同的影响：复原力的中介作用》，《教育学报》2020年第16卷第4期，第95-103页。
[④] 胡学平、王雁：《守护心灵—学生成长导师制探索》，安徽师范大学出版社，2016，第93页。

（四）不利于学生整全培养

一个优秀的教育工作者不仅应具备卓越的师德、深厚的文化底蕴和专业教育能力，还应拥有健全的心理素养与高效的情绪管理技能。这些素质共同构成教师职业效能的核心要素，并直接关系到他们能否充分发挥其培育下一代的潜力。从系统性教育观点来看，教师的身心健康状况对学生的全人教育产生深远影响。若教师由于长期的职业压力而出现心理健康问题或情绪调控困难，其内在对于职业的热爱和尊严感可能遭受侵蚀。这种状态不利于营造一个支持性和启发性的教学环境，难以激发学生的身心潜能和创造力。此外，教师所承受的职业压力若未得到适当的管理和干预，可能导致其教学行为的消极转变。例如，压力过大会引发教师的挫败感和低自我效能感，这些心态有可能会通过教学行为传递给学生，表现为缺乏激情的教学、投入不足的课堂活动、单调乏味的知识传授方式以及推脱责任等消极行为模式。这些行为不仅损害了教与学的互动质量，而且削弱了学生学习的兴趣和参与度。因此，教师的压力管理和心理健康不仅是个人职业发展的议题，更是整个教育系统应关注的重要内容。建立有效的教师支持体系，提供专业成长和心理辅导资源，对于维护教师健康、提升其教学效能以及实现学生全面发展至关重要。只有确保教师能够在一个充满尊重和自我价值的环境中教书育人，教师才能在塑造学生成长与发展方面发挥最大的积极作用。

（五）破坏教师群体凝聚力

在组织行为学与教育管理研究中，沟通被视作促进群体内部凝聚力的重要机制。有效沟通能够促进思想交流、信任建立和团队合作精神的形成，它是实现群体成员间联合、结盟以及共同目标导向的基础。特别是在教育领域，教师群体通过沟通形成了专业发展网络，并通过这些网络支持学校的教学改革与创新。当教师面临来自多方面的职业压力，如课程变革、评估责任以及学生家长的期望时，他们会经历情绪上的消耗，导致沟通的开放性和有效性下降。这种职业压力还诱发教师的心理防御机制，使其在工作中更加封闭和防备，进而削弱了与同事分享信息、知识和经验的意愿。同时，压力下的教师可能过分专注于个人的应对策略，而忽视了群体间合作的重要性，最终导致群体认同感和共享价值观的弱化。此外，教师群体内部存在的角色冲突和时间管理问题也妨碍凝聚力的建立。这些问题不仅限制了教师参与集体活动的能力，还引起工作与私生活之间的紧张关系，进一步加大职业压力，形成恶性循环。

然而，需要指出的是，适度压力的界定是相对的，且因人而异。长期过度的职业压力会对个体造成不利影响，可能诱发一系列生理、心理和精神健康问题。现代"应激"概念之父汉斯·塞里（Hans Selye）提出人体对压力反应都有一个"屈服点"，类似于对压力的容忍极限。[①] 人体一旦超越这个阈值后就会产生一系列不适症状。就像大坝在面临洪水时有一定的防洪极限，但如果洪水超过了大坝的高度，大坝就会受损，从而降低其防洪能力。这个比喻可以帮助解释为什么许多患者似乎有一个"崩溃点"，随着时间的累积和压力事件的增多，人脑的抗压极限也随之下降，就如同大坝的高度被逐渐侵蚀一样。因此，要实现教师压力水平的有效管理与调节，学校和教师管理部门需要通过持续的监测和反馈机制来确保压力水平得到适当的管理，以确保压力保持在对个体有益的范围之内。通过这种方式的平衡，不仅可以利用职业压力带来的积极影响，又可以规避其可能导致的不利后果。

[①] 吴汉荣：《医学心理学》，华中科技大学出版社，2009，第76页。

第三章 教师职业压力的现状

第一节 教师职业压力的国际特征

教师压力问题已成为世界性的研究主题,教师职业压力的研究可以追溯到20世纪30年代,早期的研究主要涉及教师焦虑问题。近些年,美国、英国、澳大利亚、加拿大、日本、韩国、芬兰、以色列、新西兰、瑞典等国都对教育环境中的各种压力问题进行了研究并证实了其普遍存在。

教师职业压力具有国际普遍性。1976年英国教育研究人员邓纳姆进行问卷调查后,发现大多数教师均承受不同程度的压力,1978年剑桥大学基里亚克和萨克里夫经调查发现有20%的教师压力很大,1993年瑞士日内瓦大学哈伯曼的研究也发现40%的教师有过疲惫的经历。[①]

造成教师压力的原因有很多,主要有工作时间长、任务类型繁杂、社会支持缺乏等方面。美国心理学会的调查数据显示,教师工作相关的压力水平明显高于其他职业人群的平均水平,这些压力来源包括过高的工作要求、学生行为管理、家长期望、薪资和职业发展机会以及教育政策变动带来的不确定性。[②]在日本,教师常需要工作很长时间并承担额外的学校活动责任。据经济合作与发展组织的调查,日本的小学教师每周平均工作54.4小时,而中学教师每周平均工作约56小时,远超过国际标准。[③]日本教师的工作内容不仅包括教学,而且涵盖了课外活动、学生指导以及与家长的沟通等多项任务,还面临来自社会对教育质量和学生成绩的高期望。[④]韩国教师面临的压力不仅是长时间的工

---

① 北京未来新世纪教育科学研究所:《师生互动:心理教学诊断》,远方出版社,2005,第113—114页。

② 丽莎·卢卡斯:《幸福力:教师的自我调节》,凌云、周娜译,江苏凤凰科学技术出版社,2019,第83页。

③ 参考消息:《日本中小学教师工作时间过长 日媒:事务性负担过重》,https://baijiahao.baidu.com/s?id=1636919212511317494&wfr=spider&for=pc,访问日期:2024年1月15日。

④ 王莹琦:《为什么日本教师职业满意度最低》,《中国教师报》2022年6月22日第3版。

作，还包括备受关注的大学入学考试、学生和家长的高期望值以及密集的课外辅导班竞争，同时，对学生的心理健康和学业成就的关注，也给教师带来了额外的责任和压力。① 另外，社会支持系统也是影响职业压力的重要因素。就教师的收入而言，美国教师的工资只相当于美国受同等教育的工人工资的55%～59%。其中，美国初中教师的工资只相当于受同等教育的工人工资的58%，这在经济合作与发展组织中是第二低的水平，仅次于捷克。而工资停滞和生活成本上升导致了更多的经济压力，有些教师不得不做第二份工作来补充收入，这无疑增加了他们的工作量和压力。② 另外，学校的人际关系也会影响教师的心态，产生压力。譬如，耶鲁大学的一项研究指出，在工作压力量表中，"角色冲突""与上司的人际关系"是与压力最紧密相关的两个因素，尤其是没有同事、上司或者亲友支持的教师受到的压力最大。③

教师压力过重不利于教师专业成长和教师队伍发展，如教师退休比例与教师流失率逐年增高，英国《独立报》曾报道："伦敦地区有着越来越高的退休比例，其他地方教师退休比例上升更快"。一般而言，行业人员更换率在7%～8%属正常范围，但是教师队伍的更换率却高得多。对此，英国《金融时报》载文明确指出："健康和安全委员会督促每一个地方教育当局制定政策以解决教师中的压力。这是寻求减少学校（教师）旷课和改行现象的方法。全国每年因产出低和受过培训的教师的流失而付出的代价总计达数百万英镑。"④ 事实上，大约50%的新教师仅仅在这个行业工作5年后就离开了。这一数字在为大量高危儿童服务的学校中更高。全美教学与未来委员会估计，美国公立学校教师流失的成本每年超过73亿美元。⑤ 在教师队伍中，人员流失率之所以如此高，很大一部分原因是教师在逃避压力重负。英国在2003年开展的一项对14所学校的调查发现，93%的被调查教师报告了与工作有关的压力，其中62%报告了过度压力，27%表示"相当认真"地考虑过改变职业，72%对薪酬不满，86%认为自己的工作量太多。⑥ 英国教师普遍反映决策时无参与权、缺少校长的支持、没有自己做决定的机会、学校的等级制度严格及教

---

① 信息超分享：《数以千计的韩国教师因教育负担加重而自杀，引发抗议潮》，https://baijiahao.baidu.com/s?id=1776206489611538249&wfr=spider&for=pc，访问日期：2024年1月5日。
② 周险峰：《农村教师政策执行绩效问题研究》，华中科技大学出版社，2020，第190页。
③ 北京未来新世纪教育科学研究所：《师生互动：心理教学诊断》，远方出版社，2005，第163页。
④ 顾春：《全国中小学校长提高培训丛书》，华夏出版社，2002，第111页。
⑤ 帕特里夏·詹宁斯：《教师的正念》，叶少欣、张雅然、韩冰译，中国青年出版社，2024，第70页。
⑥ 闵韡：《高水平大学教师学术激情、职业压力与活力研究》，华东师范大学，博士学位论文，2022年，第67页。

师角色模糊。① 美国教育协会的一项调查也发现新教师的流失率特别高,大约20%的新教师在前三年内离职,其中一个重要原因是他们感觉缺乏职业上的支持。②

当教师职业压力成为一个具有全球性的议题时,这一现象不仅引起了学术界的广泛关注,还促使各国政策制定者、教育研究者和社会各界重新审视与探讨教师工作环境及其对教师心理健康的影响,以期寻找有效的解决策略。在应对策略方面,各国都在尝试采取措施来减轻教师的负担。例如,日本教师工作方式改革运动,旨在解决教师过劳问题,减少非教学工作,提高教师工作效率和满意度。日本还通过实施数字化工具来减少教师的文书工作和行政任务。③韩国推出了多种福利政策,如提供更多的健康保障和心理支持服务,以及改善教育环境和提升教师专业发展机会。④ 然而,各国的教师依然面临着结构性的挑战,比如教育监管体系、晋升机制和课程大纲问题,需要系统性教育改革。此外,在文化上,各国都存在对教师要求无限上升的社会期望,这直接影响了教师的工作满意度和职业稳定性。

从上述国外教师职业压力现状可以看出,虽然发达国家的教师薪酬和工作条件等优于我国教师,但仍然存在不小的压力,说明物质、经济等条件并不是唯一影响教师职业压力的因素。全球范围内,教师的工作压力还与不断变化的教育政策、技术的融入、家长和社会对教育的期望以及学生行为问题等因素相关。尽管不同年份和来源的统计数据有些许差异,但总的趋势显示,教师职业压力是一个普遍存在且越来越被关注的现象。各国政府和教育机构正在采取措施应对这个问题,如提供专业发展机会、改善工作条件、提高薪水和福利、减轻标准化测试的压力等。然而,解决教师工作压力需要综合性的努力,涉及政策制定者、学校管理层、教师本身以及整个社会的共同参与。总的来说,教师职业压力是一个全球性的挑战,它不仅影响教师个人的健康与福祉,还影响到教育质量和学生的学习成果。

---

① 童成寿:《外语教师心理学》,对外经济贸易大学出版社,2016,第109页。
② 保罗·班布里克·桑托约:《如何更快地变得更好:新教师90天培训计划》,彭相珍译,中国青年出版社,2022,第19页。
③ 顾宁、肖爽:《后疫情时期日本数字化社会转型的课题与展望》,《日本研究》2023年第2期,第72-81页。
④ 谢延龙:《教师流动论》,南京师范大学出版社,2016,第148页。

第二节　我国教师职业压力现状

新浪网 2005 年公布了我国《教师生存状况调查报告：教师状况堪忧》的研究报告，① 提出"缺乏有活力的教师队伍，何谈有生机的下一代；100% 投入的教师，才能有 100% 满意的教育。"该报告认为教师生存状况堪忧，压力较大，减压势在必行。《中国教育现代化 2035》也指出要建设高素质专业化创新型教师队伍。② 但就目前国内的情况来看，中国的教师仍然面临着多方面的挑战，包括社会压力、职业倦怠以及心理健康等问题，这些都对教育质量和师资队伍的稳定构成了潜在威胁。特别是在中小学教育环境中，教师群体普遍存在较高的职业倦怠率，情绪衰竭的现象也相对突出，③④ 这不仅影响教师个人的福祉，还可能损害整体教育系统的效能与质量。教师压力问题已经成为社会普遍关注的问题，如农村中小学教师职业压力水平偏高、教师职业压力逐年升高、女性教师职业压力更为显著、高中教师职业压力问题严峻、民办教师职业压力高于公办教师职业压力等。

一、教师职业压力呈上升趋势

研究者通过比较 2002 年、2011 年和 2016 年的宁波市中小学各级各类教师职业压力现状发现，从 2002 年至 2016 年的十五年间，中小学教师自评职业压力有缓慢上升趋势，中度和重度教师焦虑患者在不断增加。⑤《中国教师发展报告（2022）》以我国中小学教师工作强度为研究切入点，聚焦教师工作时间分配度、教师工作内容复杂度、教师工作精力投入度和教师工作负担感受度四个方面，通过对我国 31 个省市的 51381 名中小学教师进行调查分析，揭示

---

① 新浪教育：《新浪教育教师生存状况调查报告：教师状况堪忧》，http://edu.sina.com.cn/l/2005 - 09 - 09/1653126580.html，访问日期：2024 年 1 月 6 日。
② 新华社：《中共中央国务院印发〈中国教育现代化 2035〉》，《中华人民共和国教育部公报》2019 年第 Z1 期，第 2 - 5 页。
③ 伍新春、齐亚静、余蓉蓉等：《中小学教师职业倦怠问卷的进一步修订》，《中国临床心理学杂志》2016 年第 24 卷第 5 期，第 856 - 860 页。
④ 蒋小群、李超平：《校长服务型领导如何降低教师情绪衰竭——心理安全感和不确定性规避的作用》，《教育学报》2020 年第 16 卷第 2 期，第 109 - 118 页。
⑤ 徐晓虹：《教师职业压力三次调查对比与实证研究》，《上海教育科研》2017 年第 8 期，第 65 - 69 页。

了我国中小学教师工作强度的现实样态。该报告指出，中小学教师工作强度总体水平偏高且呈现上升趋势。[1]

二、农村中小学教师职业压力水平偏高

肖第郁和钟子金通过整群抽样的方式对江西省38所农村中小学教师发放了638份调查问卷，结果显示70.2%的教师自述有较大的职业压力，压力来源主要集中在工资薪金、工作负荷以及教育改革等方面，研究显示教师职业压力问题较重。[2] 我国学者眭瑞丹通过对甘肃省兰州市的105名乡村小学女教师进行调查访谈发现，67.39%的教师表示压力更大，其职业压力主要集中在工作负荷、人际关系、工资等方面。[3] 为了解农村教师心理生活质量现状，探讨工作压力对心理生活质量的影响，华南师范大学心理研究院对广东省内931名农村中小学、幼儿园教师进行问卷调查，结果显示农村教师工作压力更大，且工作压力均能负向预测心理生活质量和心理弹性。[4] 龚欣等对湖北省三个国家级贫困县和一个非贫困县的155所农村幼儿园734位教师进行了调查研究，研究发现农村幼儿园教师面临较大的职业压力，44.47%的教师表示压力很大，但尚未达到高度倦怠的程度；非贫困县教师压力相对贫困县较高。影响因素主要包括工作量、困难儿童数量等工作要求因素，坚毅品格、职业认同感等控制因素，编制、工资满意度、家人支持、工作支持等支持因素，以及年龄、户口类型等人口学变量，同时存在一定的县域差异。[5]

三、高中教师职业压力问题严峻

刘佳赛对承德市6所高中教师的调查研究显示，78.5%的高中教师认为自己有较大的压力，其压力来源包括学校管理因素、个人因素、学生因素等多个

---

[1] https://baijiahao.baidu.com/s?id=1763501053852292718&wfr=spider&for=pc
[2] 肖第郁、钟子金：《农村中小学教师职业压力的调查与思考》，《教育学术月刊》2010年第1期，第93-96页。
[3] 眭瑞丹：《农村小学女教师的压力源探寻及对策分析》，《教学与管理》2017年第33期，第16-19页。
[4] 蔡慧思、张旭东：《农村教师工作压力对心理生活质量的影响：心理弹性的中介作用》，《教育导刊》2020年第6期，第45-51页。
[5] 龚欣、牛彩星、王鹊：《农村幼儿园教师职业压力现状、来源及影响因素》，《学前教育研究》2020年第2期，第18-31页。

方面，职业压力呈现普遍性的特点。① 通过对江苏扬州市直 100 名中学英语教师进行现状调查显示，65% 的教师表示自身压力较大，25% 的教师认为自己的压力很大，且压力主要来源于考试压力、经济负担与考核评比等方面。② 曾玲娟和江丽晶以广西职业高中 2657 名教师为调查对象，分析了该群体职业倦怠的特点及影响因素，发现广西职业高中教师的职业倦怠主要表现为情绪衰竭，职业压力呈现出显著的性别、年龄和教龄差异；此外，教师的工作压力、生活态度、权益保障意识和能力都会影响到教师的职业压力。③ 综上，目前高中教师职业压力水平普遍较高。

四、女性教师职业压力更为突出

在中国传统文化的影响下，女性教师面临着双重角色期待，既要覆行教师的职业角色，也要承担女性所具有的母亲、妻子等家庭角色。相较于社会对男性的评价多以创造的物质财富数量作为单一评价标准，女性往往会被更多的苛责标准所评价。段新焕等的研究显示中小学教师压力来源在性别上呈现显著差异。压力来源方面，女性教师在工作本身、学生方面、职业发展、身心特征、社会期待等多个维度上的得分均值都高于男性教师。由于女性相比男性情感更为细腻丰富，压力状态下躯体化反应也会更为明显。④ 赵雪和谢华以西南地区 14 所中小学的 482 名女教师为研究对象，分析中小学女教师职业压力和心理健康的现状，研究结果显示中小学女教师的心理健康状况偏低，且所有相关因子都比常模要高，其中，强迫症、躯体化、敌对、抑郁四个因子上问题最突出。⑤

五、民办教师压力显著高于公办教师

长期以来，民办学校由于师资相对匮乏，加上教师结构的不合理性，民办

---

① 刘佳赛：《普通高中教师职业压力研究——以承德市六所学校为例》，河北大学，硕士学位论文，2019 年。

② 姜敏琴：《初中英语教师职业压力的现状与成因分析——以扬州市直 10 所中学为例》，《福建教育学院学报》2017 年第 18 卷第 4 期，第 107 - 110 页。

③ 曾玲娟、江丽晶：《职业高中教师职业倦怠调查研究》，《广西职业技术学院学报》2022 年第 15 卷第 5 期，第 40 - 50 页。

④ 段新焕、陈艳、余书玮：《中小学教师工作压力、压力反应和心理资本状况的调查研究——以深圳市龙华区为例》，《心理月刊》2023 年第 18 卷第 15 期，第 198 - 202 页。

⑤ 赵雪、谢华：《中小学女教师职业压力与心理健康的关系研究》，《教学与管理》2014 年第 6 期，第 37 - 39 页。

教师在实际教育教学中往往承担着比公办教师更多、更重的教育教学任务，大多数民办教师的周课时数也明显高于公办学校教师。另外，大多数民办学校教师往往无法得到与公办教师相同的工作条件和专业发展机会。在整体薪酬待遇不如公办教师的情况下，又要承担过重的教学工作任务，民办教师极易产生自卑感和抱怨心理，影响心理健康。褚建平以天津市七所民办小学的教师为调查对象，以了解天津市民办小学教师职业压力的整体状况。结果显示，34.7%的民办小学教师表示职业压力中等，37.4%的民办小学教师表示职业压力较大，21.9%的民办小学教师表示职业压力很大，由此可见，天津市的民办小学教师普遍承受着较大的压力。①

  综上所述，我国教师职业压力普遍较大，压力主要来自工作负荷、升学考试压力、教育教学改革、学校管理与评价、家庭关系、自我发展需要等方面。①在工作负荷方面，我国教师面临的工作量经常超出正常劳动强度，除了日常的教学活动，还需承担课外辅导、备课、批改作业等任务。②在升学考试方面，在以高考为核心的教育体系下，教师不仅要提高教学质量，更被迫参与到激烈的升学竞争中。这一点在东部地区尤为突出，考试结果在某种程度上成为评价教师工作表现的重要标准。③教育教学改革的影响。近年来，随着新课程标准和教学方法的不断推进，教师需要适应快速变化的教育环境，不断更新知识结构和教学技能。这无疑增加了教师的职业压力，特别是对于那些资历较深、习惯传统教学方式的教师来说，改革带来的挑战尤为明显。④学校管理与评价体系也是产生压力的源泉。众多学校实施绩效考核制度，教师不得不应对频繁的教学检查和评比。更有甚者，部分学校还将市场化竞争引入校园，给教师带来了额外的工作负担，如组织各类竞赛等。⑤家庭关系对教师的职业压力同样具有重要影响。教师需要处理好与学生家长的关系，尤其因家长期望值过高或与教师教育理念不符时产生的冲突和压力。此外，教师还有自身的家庭责任，如子女教育、照顾父母等，也可能与职业角色发生冲突，加剧工作生活不平衡的压力。⑥自我发展的需求。随着社会对教育质量的要求日益提高，教师也渴望通过专业成长获得社会认可和个人满足，但是培训机会不均、晋升路径狭窄以及薪酬待遇较低等问题，限制了教师的职业发展，使他们感受到来自职业规划方面的压力。

---

  ① 褚建平：《天津市民办小学教师职业压力的调查研究》，天津师范大学，硕士学位论文，2012年。

第四章　正念干预教师职业压力的模式分析

正念干预是以正念的核心理论和技术为基础辅以心理治疗方法进而达到身心和谐的干预体系。正念干预有其特有的内涵和特征，需要与正念减压疗法、冥想训练、心智觉知训练等各种身心训练方式予以区分。正念干预的典型模式即正念减压疗法包括正念静坐、身体扫描、正念伸展、正念呼吸、正念饮食等多种练习形式。了解正念干预的典型模式，为后文开展正念干预教师职业压力实验做好铺垫。

第一节　正念及正念干预

一、正念内涵

正念（mindfulness）起源于上座部佛教，是巴利语佛典中正念（sati）的英文翻译，其原意为"记得"，可延伸为随时记得观照自己的身心及所接触的事物（四念处：身、受、心、法）。佛教主要有止禅（Samatha）与观禅（Vipassanā）两种禅修方法，前者是通过正念练习将注意力集中在一个对象上，从而培养注意力的持续及稳定，并进一步达到宁静、清明、喜乐的意识状态；后者则是运用稳定的注意力观察自身及世界，进而对生命产生深刻的洞察，并将这些洞察融入个人的生活与工作中。在上座部佛教中，正念被视为是观禅的基础。

在西方语境中，正念是个体有目的、有意识地对当下内在（情绪、思维、感受等）和外部（物理和社会）环境进行接纳和非评判性的注意与觉察。正念的内涵包含觉察、注意的保持、聚焦当下、不评判的接纳四个因素。

（1）觉察。觉察是指个体对当下身心内外的体验有足够的意识，包括身体的感觉、思维、情绪和诸如景象、声音等外部事件。觉察和没有意识参与的自动化心理反应是相对立的。例如，内隐的刻板印象，即是一种在人的意识之外产生的自动化反应的现象。当面对一些有代表性的社会事件和一些墨守成规的观点时，刻板联合就会自动启动，这种情况通常没有个人意识的运用。一个正念充足的个人会更容易注意到内隐刻板印象的发生，会对偏见的本质有准确的觉察。

（2）注意的保持。注意的保持是指把注意力放在不断变化的内外部刺激上。当个体的正念充足时就会把注意力放在观察的目标上。当受到干扰时，注意力能转回到最初聚焦的目标上。持久注意力的研究已经证实和积极心理健康有联系，包括减少穷思竭虑的过程和降低焦虑感。

（3）聚焦当下。聚焦当下指的是能够毫不费力地把注意力集中于当下每一时刻意识状态中发生的内外部现象，与此相对的是头脑中被过去或将来的记忆、计划、幻想所占据。穷思竭虑已经被证实和抑郁症的发病有关，个体因为缺乏对此时此刻的觉察，头脑中被自动出现的过去所占据，导致抑郁情绪的产生。

（4）不评判的接纳。不评判的接纳指面对进入意识状态中的念头、感觉、事件，能以其本来的面目对待它，而不是评判它好或坏、期望的或不期望的、重要的或微不足道的。接纳是允许所有的经历（无论是令人高兴的、中立的还是痛苦的）出现，而不尝试改变、控制或逃避他们。接受的经历既包括具体的感官的疼痛，也包括一些抽象的体验。当这些评价出现时，接受能使个体以其本来面目拥抱它，而不是压抑或歪曲。

二、正念干预的内涵

正念干预是以正念的核心理论和技术为基础，辅以心理治疗方法进而达到身心和谐的干预体系。正念干预主张以接纳和非评判性的态度进行干预，适用于不同年龄层、不同背景的人们。正念干预的主要方式包括身体扫描、正念瑜伽、正念行走、三分钟呼吸空间、正念冥想等。虽然正念干预与正念减压疗法、心智觉知训练、冥想训练、正向思考存在相似之处，但它们各自却具备其独有的内涵和特征，彼此之间相互联系又相互独立。

（1）正念干预与正念减压疗法的区别和联系。正念干预是以"正念"的核心理论和技术为基础的一系列心理训练方法的总称。当代学者积极地将正念运用到心理治疗与临床实践中，提炼完善为系统而简易的一套去宗教化的身心训练方式。正念减压疗法是正念干预疗法的开端也是其主要疗法。从正念减压（MBSR）衍生出的正念课程家族还包括认知行为疗法与正念减压疗法结合发展的正念认知疗法，帮助边缘型人格障碍患者缓解负面情绪和行为失控的辩证行为疗法以及接受与承诺疗法和眼动脱敏疗法（eye movement desensitization and reprocessing，EMDR）等，即正念减压疗法不等同于正念干预，而是从属于正念干预的一个子集。

（2）正念干预与冥想训练的区别和联系。冥想是一种综合性的心理和行为训练，冥想训练有助于个体通过自我调整建立一种特殊的注意机制，帮助提升个体幸福感和平衡情绪。① 研习冥想训练的方式繁多，但主要可以分为两种训练方式：正念冥想和专注/聚焦冥想。② 专注冥想强调对某一事物的专注，而正念冥想除了对事物的注意，还包括对其非判断的觉察和感知。此外，正念干预除了正念冥想，还包括正念伸展、正念呼吸、身体扫描等主要技术。

（3）正念干预与心智觉知训练的区别和联系。心智觉知被视为一种信息加工方式，通过增加对环境的欣赏来引发学习、对现有分类的改进，基于现有事件和经验创造新的类别，甚至降低对编码过程和惯例的依赖。③ 也有研究者将心智觉知训练等同于正念训练。④⑤⑥

（4）正念干预与正向思考的区别和联系。虽然正向心理学和正念干预训练均能改善个体身心健康和生活质量，但着眼点、方法和目标不尽相同。从方法和目标来看，正向心理学提倡对感恩、乐观、幽默、慷慨、自我效能、勇气、信任、利他主义与积极人际关系等品质的培养，目标是追求幸福、进步和成功。而正念干预是要允许自己观察当下每一刻经验的真实样貌，不评价它们，也不急于改变经验或追求不同于当下的经验，同时放下过去和未来的焦虑和烦恼。即正念干预将正向和负向的念头与想法都视为被觉察的对象，而不仅仅是聚焦正向体验、回避负向体验。

此外，正念干预与松弛技巧不同，松弛技巧结束时如果不能放松就算失败；正念干预即使有不安感或紧张感，也会被当作是瞬间的事实去观察，无关失败与否。

---

① 任俊、黄璐：《基于心理学视域的冥想研究》，《心理科学进展》2010年第18卷第5期，第857-864页。
② 张静：《正念与领导力：基于交互的视角》，经济管理出版社，2018，第21页。
③ 弗雷德·卢桑斯：《心理资本》，中国轻工业出版社，2018，第35页。
④ 赵雯雯、张爱华：《心智觉知训练对乳腺癌病人心理弹性影响的研究》，《护理研究》2015年第29卷第26期，第3286-3288页。
⑤ 朱婷婷：《第三代行为治疗的核心概念：心智觉知》，《医学与哲学（人文社会医学版）》2010年第31卷第9期，第32-34页。
⑥ 刘兴华、梁耀坚、段桂芹等：《心智觉知认知疗法：从禅修到心理治疗的发展》，《中国临床心理学杂志》2008年第3期，第334-336页。

三、正念干预的特点

（一）以"自我疗愈"为干预目标

正念干预的主要目标是通过激发个体内生力量，实现自我疗愈。如果说治疗更关注技术、方法，并侧重以治疗和矫正的方法处理疾病和缺陷，则自疗更强调个体内在的潜能和力量，患者无需医师的治疗和引导也可以进行自我身心的觉察和疗愈。正念干预与传统的心理治疗方式的不同之处在于，首先，传统的心理治疗方式主要采取对患者症状资料的收集、诊断、治疗的过程方式；其次，传统的心理治疗方式非常强调医师和患者的辅助性关系，即医师在医患关系中一般占主导性地位，患者需与医师在同一时空下，接受医师的问询或行为训练的指导。这样容易造成患者在日常生活中脱离医师的指导后难以完成实效性的疗愈，甚至出现思维反刍等现象。而以正念干预为基础的趋向生命整全的自我疗愈方式则有其独特的灵活性和简易性，练习者无需购买任何装备、携带任何补给或学习任何复杂事物。有需求的患者只需在治疗师或咨询师处学习基本的动作要领和注意事项即可自行练习。患者可根据自身实际情况选择其中任意模式进行正式和非正式的练习，不受时间、空间和方式的拘束，这将成为心理治疗领域的新趋势。正如卡巴金所说："疾病的治疗可以由医生主导，而身心的疗愈却无法假他人之手，必须通过治疗者自身对生活的领悟和修炼以及全情投入来实现。"①

（二）"非评判接纳"的新视角

传统的认知行为疗法具有较强的目的性和系统性，在治疗过程中倾向于教导患者去面对、回应自己心中消极的想法，并且改变自己原有的错误思维模式，治疗过程较集中。这对于患者已形成的惯性思维模式是一个很大的挑战。而正念干预疗法鼓励患者清醒地、有目的性地去觉察当下的一切，并且不做任何评判。罗杰斯曾用人们观看落日的态度来比喻此"当看着日落时，我们不会想去控制日落，不会命令太阳右侧的天空呈橘黄色，也不会命令云朵的粉红色更浓些。我们只是满怀敬畏地望着而已。"②练习正念的过程中允许患者如其所示地看到事物本真的样子，而不是透过失真的镜头去暗示和否定。大部分时候，个体总是不停地对各种体验贴上"好的""坏的"或"中性"等标签，

---

① 乔·卡巴金：《正念：此刻是一枝花》，王俊兰译，机械工业出版社，2015，第1页。
② 郭念锋：《心理咨询基础培训教材》，中国劳动社会保障出版社，2021，第6页。

但是当我们能够对各种评判的念头加以识别和接纳时，将会以更宽广的视角看到事物的本质，并采取更为智慧的行动。当然，非评判接纳并不意味着喜欢一切事物或者对万事万物采取被动的态度，而是学会和愿意看到事物的真相。正如卡巴金所说"当心念不被自以为是的评判、欲望、恐惧或偏见所蒙蔽，当你对正在发生的事情有着清晰的看法的时候，你更有可能知道该做什么，内心非常笃定地去采取行动。"[1]

（三）"关注体验"的过程导向

正念干预特别强调以非评判性的态度去体验和观察自己的感受、思想和身体反应，使个体学会从一个更客观的角度来看待内在经验，这与其他以改变个体对情绪或思考态度为目标的治疗方法不同。具体而言，在正念干预中，体验的过程是指个体如何注意和接触当前的感受、思维和身体状态，而不是对这些经验做出评估或解释。正念鼓励个体成为自己体验的见证者。实践者被引导要意识到每一个瞬间的感受，例如，注意到呼吸的节奏、感觉空气流入和流出肺部，观察心跳的感觉，感知坐姿的稳定性，以及身体各部位的紧张或放松状态。此外，正念干预还强调觉察与体验相伴的心理活动，包括瞬间的情绪变化、闪现的思维和日常意识中出现的认知模式。通过这种连续的、无判断的觉察，个体学会更好地了解自己的反应方式和习惯性行为，提升对内在经验的洞察力，减少由自动化思维和情绪反应导致的困扰。与之相对照，传统心理治疗如精神分析和心理动力学治疗，通常侧重于探究个体的心理内容，尤其是潜意识中的冲突、欲望和防御机制。治疗师和个体一起工作，通过自我对话和解释过去的经历，寻找影响当下行为和感受的根源，试图理解并处理那些藏在深层次的内在动力。治疗的过程往往需要个体回忆、诠释甚至重新体验过去的事件，以揭露并解决可能导致心理痛苦的内在问题。值得指出的是，正念干预并不否认分析个人经历内容的价值，但它主张这种分析应该建立在对当前经验的全面和非评判性的觉察基础上。正念干预的目标是增强个体对于内在体验的直接感知能力，使其能够在不受过去经验自动化影响的情况下，清晰地看待当下的体验。通过这种方式，正念帮助个体开发一种新的、更为积极和有适应性的方式来应对生活中的挑战和压力。

（四）"后设认知"的领悟方式

正念干预通过采取观察者的立场，协助个体将注意力放在当前的经验之外，将所有出现在心中的身体感觉、想法、情绪看作是内在事件的出现，而非

---

[1] 乔·卡巴金：《多舛的生命》，童慧琦译，机械工业出版社，2018，第24页。

现实的直接反映。这要求个体保持觉知的弹性，能够灵活地将注意力转移至不同的心理活动，并从过往经验中建立的自动化反应和固定概念中解脱出来，以摆脱旧有的认知与情绪模式的约束，赋予自己更多的自由和选择权。这种对思想历程的监控牵涉到认知心理学所提到的后设认知。在某种程度上，正念干预是一种后设认知的调整和训练，它是关于思维的思维，一个更高层次上对自己认知过程的意识和调控。在此过程中，发展出"去个人中心"的态度则是正念训练的另一个重要方面。这种态度使得个体能够从认知上的转变与内在体验的关系，认识到思想仅仅是过客，情感只是暂时的情绪状态，它们并不定义"我是谁"，也不决定"我"的行为选择。随着这种后设认知领悟的深入，个体的心理和行为模式逐步发生转变。过去那些自动化和习惯性的思维模式开始得到修正，在面对生活中的挑战和压力时表现出了更大的适应性和灵活性。例如，当遇到挫折时，通过正念的觉察，个体可能会意识到自责的念头仅仅是一种习惯性反应，并不反映真实的自我价值。因此，个体可以选择不再追随这一思维模式，而是采取更为建设性和积极的应对策略。最终，正念干预培养我们形成一种新的心理习惯，用一种更加开放、接纳和平静的态度来体验生活。这不仅改善了我们的心理健康，还促进了我们的个人成长和发展，帮助我们以更为丰富和多元的视角来看待自己和周围的世界。

（五）"身心整合"的和谐状态

正念干预增强了对当前经验的觉察力，包括对身体的感觉、想法、情绪等的觉察，这种经验的觉察有助于身体和心理功能的调节。随着正念练习的深入，个体常处于一种身体放松但精神上充满活力的状态，这种状态让个体对压力源有更灵活的反应，并产生更多身心资源以维持身体的健康与心理的安适。正念训练有助于提升个体执行力、自我调节能力、自治力，以及与其他人、事、物之间建立和谐关系的能力等，这样一来，随着自我整体功能的提升，个体能以一种更宽广、更包容与更客观的视角看待周围事件与经验，不论这些事件是正向或负向的，皆不被这些事件所引发的任何想法或感受左右，这样的观点有助于个体从心理困境中得到解放，而这种身体感知的提升和利用，在某些主要依赖言语交流的心理治疗中并不常见。

第二节 正念干预的典型模式：正念减压疗法

正念减压疗法是西方建立最早也影响最深远的一套正念干预课程，也是后续各种正念介入的基础，几乎所有基于正念的治疗方式都以正念减压疗法为根基，正念减压疗法是许多其他正念介入课程借鉴和效仿的典范。具体而言，正念家族群还包括正念艺术治疗（MB-AT）、正念饮食觉察训练（MB-EAT）、正念癌症关怀（MB-IS）、正念分娩与育儿（MB-CP）、正念老人照顾（MB-EC）、正念心理健康训练（MM-FT）等。随着对其效用的科学研究认证的增加，正念逐渐拓展到更多生活化的领域。

一、现代正念减压疗法的起源

现代正念先驱卡巴金是麻省理工学院的分子生物学博士，年轻时即热爱科学、艺术与禅修，十年的禅修经验让他不断思索如何可以将这三项整合起来。直到1979年，美国麻州大学医学院附设减压门诊，协助病人处理和减缓由各种慢性病症所造成的长期疼痛问题，其医学院开设了一种新的临床辅助医疗课程——正念减压课程（mindfulness-based stress reduction，MBSR）[1]。这是卡巴金博士基于东方禅修方法，并结合西方医学及心理学知识发展成的一套可以用来自我减压、缓解症状、平衡情绪、促进大脑与免疫系统平衡的课程，主要面向有慢性疾病和被情绪困扰的患者。之后卡巴金秉持科学家实事求是的精神，不断深入研究两者结合的效果。他用去宗教化的语言，并结合西方文化对心理、情绪的科学理解，在心理医学领域开始实践，以正念内观的技巧，开发出一套系统性的八周团体课程，开启了欧美在医学、心理治疗、教育、企业等行业中应用正念训练的风潮。正念减压疗法与传统的行为认知疗法的最大不同在于正念减压疗法更加强调对当下内外体验的非评判性接纳，并鼓励患者灵活地改变当下生活可以改变的部分，获得身心自愈的能力并过上与自我内在价值观相统一的美好生活。

随着正念减压疗法在世界各国的兴起，1996年，"减压门诊"被扩大为"正念中心"（center for mindfulness in medicine, health care, and society, CFM），并提供专业正念引导师培训计划，意图更好地推广这项疗法。仅截止到1997年，美国就有超过240家医院或临床治疗中心提供基于禅修的正念训练（mindfulness training）作为主要的治疗方法。这些病人有许多不同的身心症状（艾滋病、心脏疾病、癌症、慢性疼痛、胃肠功能不佳、高血压、睡眠障碍、忧郁症、焦虑和恐慌症）。2012年，根据美国国家辅助综合健康中心（National Center for Complementary and Integrative Health）的一项调查显示，美

---

[1] 需要说明的是，原初其被称为"减压与放松课程"，后来为了强调其作为医疗部里的门诊服务，和其他门诊一样具有常态化特征，所以将其改名"减压门诊"。

国进行正念冥想的成年人数量为1800万,同时,约有92.7万名儿童在学校接受了正念训练。① 虽然MBSR无法扭转慢性疾病,但可以缓解症状,并提高整体的福祉和生活质量,进而提升健康。

二、现代正念减压疗法的发展

四十多年来,有关MBSR临床效果的研究已经在全球如火如荼地开展,每年有大量的相关学术论文发表。国内外多项研究指出,正念减压疗法作为一套身心自愈疗法,可以对身心疾病诸多方面有良好的辅助疗愈效果,并能有效降低生活和职业压力,提升正念水平与幸福感,以及改善睡眠品质等。

(1)关于正念减压疗法与降低压力方面的应用。近年来,正念减压疗法被广泛地运用于不同人群减轻压力方面的研究,譬如医护人员②、癌症患者③、不孕患者④、妊娠妇女⑤、学生⑥等。实验周期持续4~12周不等,但主要以标准8周课程为主,每周课程持续时间1~2.5个小时不等。在研究设计方面较多采用实验组与对照组前后测实验设计方式。测量时间分别在实验前后一周,以发放问卷量表的方式来获得实验数据。戴维森(Davidson)等人的研究发现,MBSR可以通过改变与情绪相关脑区的活动,在大脑额叶的左半部(即积极情感功能区)产生明显的活化效果。⑦ 相对的,大脑边缘系统掌控紧急状况情绪中枢的杏仁核灰质密度会降低,从而改善忧郁情绪与失眠状况,甚至能改变攻击行为,更好地减轻个人压力。⑧

(2)关于正念减压疗法与改善抑郁症方面的应用。正念疗法能改善各年

---

① 若灵心理:《正念:2000万美国人练习,马云乔布斯推荐,是减压专注的有效方式》,https://baijiahao.baidu.com/s?id=16593975291695168 27&wfr=spider&for=pc. 访问日期:2024年1月15日。

② 庞娇艳、柏涌海、唐晓晨等:《正念减压疗法在护士职业倦怠干预中的应用》,《心理科学进展》2010年第18卷第10期,第1529-1536页。

③ 张佳媛、周郁秋、张全志等:《正念减压疗法对乳腺癌患者知觉压力及焦虑抑郁水平的影响》,《中华护理杂志》2015年第50卷第2期,第189-193页。

④ 薄海欣、陈洁:《正念减压疗法对不孕症患者焦虑抑郁水平及生活质量的影响》,《护理管理杂志》2017年第17卷第4期,第274-276页。

⑤ 潘意明、林爱宝、陈亚儿等:《正念减压疗法对孕产妇产时疼痛和自然分娩的影响》,《中国妇幼保健》2020年第35卷第23期,第4426-4429页。

⑥ 刘皓宇:《高三学生学习焦虑的正念干预研究》,淮北师范大学,硕士学位论文,2020年。

⑦ Davison R J, Kabat-zinn J, Schumacher J, et al., "Alterations in brain and immune function produced by minalfulness meditation," *Psychosomatic Medicine* 65 (2003): 564-570.

⑧ 王瑞兰:《正念减压课程在宠物服务产业上的运用》,《咨商与辅导》2018年第10卷第15期,第1529-1536页。

龄段抑郁症患者的抑郁症状,包括青少年抑郁症患者①、成年抑郁症患者②、老年抑郁症患者③及围产期抑郁症患者④。对青少年抑郁症治疗的研究发现,正念疗法对高灾难性、高接受度和低执行功能者疗效更显著。⑤关于正念疗法治疗老年抑郁症的研究发现,正念干预对于亚洲患者的疗效优于欧洲和北美患者,此外与8周的练习时长相比,小于5周的练习时长或许收益更大,且疗效与正念水平呈正相关。⑥除此之外,长程随访研究发现MBCT能减少抑郁症复发,尤其是在高复发风险人群中。⑦

(3) 关于正念减压疗法与提升个体幸福感的应用。美国麻省总医院和哈佛大学的研究人员发现,8周的正念减压课程使得大脑部分区域变厚,端粒酶活性增加43%,学习、记忆、情感调节、自我感觉和换位思考相关的区域增厚。那些与人们幸福和生活质量相关的重要能力,譬如换位思考、注意力调节、学习和记忆、情感调节和威胁评估,都可以受到正念减压培训的积极影响。已有的研究对象涉及护理人员⑧、老年人⑨、更年期女性⑩、学生⑪等。关于实验设计方面主要采用随机对照实验法。多项研究证实通过正念减压训练可以增强个人主观幸福感。

(4) 关于正念减压疗法与减轻病患疼痛方面的应用。卡巴金博士在1979

---

① Reangsing C, Punsuwun S, Schneider J K, "Effects of mindfulness interventions on depressive symptoms in adolescents: A meta-analysis," *International Journal of Nursing Studies* 115, 2021: 103848.

② Eisendrath S J, Gillung E, Delucchi K L, et al., "A Randomized Controlled Trial of Mindfulness-Based cognitive Therapy for Treatment-Resistant Depression," *Psychotherapy and Psychosomatics* 85, no. 2 (2016): 99 – 110.

③ Reangsing C, Rittiwong T, Schneider J K, "Effects of mindfulness meditation interventions on depression in older adults: A meta-analysis," *Aging and Mental Health* 25, no. 7 (2020): 1181 – 1190.

④ Leng L L, Yin X C, Chan C L W, et al., "Antenatal mobile-delivered mindfulness-based intervention to reduce perinatal depression risk and improve obstetric and neonatal outcomes: A randomized controlled trial," *Journal of Affective Disorders* 335, 2023: 216 – 227.

⑤ Reangsing C, Punsuwun S, Schneider J K, "Effects of mindfulness interventions on depressive symptoms in adolescents: A meta-analysis," *International Journal of Nursing Studies* 115, 2021: 103848.

⑥ Reangsing C, Rittiwong T, Schneider J K, "Effects of mindfulness meditation interventions on depression in older adults: A meta-analysis," *Aging and Mental Health* 25, no. 7 (2020): 1181 – 1190.

⑦ Creswell J D, "Mindfulness Intervention," *Annual Review of Psychology* 68, 2017: 491 – 516.

⑧ 杨芳、王洁、赛金萍:《正念减压疗法对护士压力及幸福感的影响》,《护理学杂志》2017年第32卷第5期,第11-14页。

⑨ 赵红霞、袁媛、陈长英:《正念减压训练对老年慢性心力衰竭患者负性情绪的影响》,《中华现代护理杂志》2018年第24卷第19期,第2315-2318页。

⑩ 王淑霞:《正念减压疗法对更年期女性症状、情绪改善效果的初步探索研究》,中国疾病预防控制中心,硕士学位论文,2015年。

⑪ 吴欣洋:《正念训练对大学生正念水平及幸福感的影响》,东北师范大学,硕士学位论文,2014年。

年将正念减压疗法运用于患者治疗时发现其可以改善患者的疼痛问题。脑神经科学研究同样发现，正念静坐、正念呼吸等技巧有助于缓解疼痛的神经机制。已有研究对象包括乳腺癌患者[1]、妇科恶性肿瘤患者[2]、鼻咽癌患者[3]、腰间盘突出患者[4]以及孕产妇[5]等。正念减压训练通过帮助患者进行情绪调节降低其应激水平，并运用接纳、宽容、开放的态度对待身体的不适，从而缓解患者身心的疼痛，提高其生活质量。

（5）关于正念减压疗法与提高个体睡眠质量方面的应用。多项研究证实通过正念减压训练可以改善睡眠问题，提高患者睡眠质量。实验周期为6～12周不等，除了正式练习，还包括在家的非正式练习。已有的研究对象包括癌症患者[6]、失眠症患者[7]、学生[8]等。研究工具多为问卷量表，匹兹堡睡眠品质量表为主要测量量表。

（6）关于正念减压疗法与提高个体情绪智力方面的应用。法尔布（Farb）和安德森（Anderson）在一项关于情绪障碍的研究中指出，正念训练提升了参与者对负性情感的容忍程度以及幸福感。研究观察大脑的前扣带和侧前额皮质发现，正念训练增强了大脑中的注意力监测系统，特别是在情绪调节部分，这种关于前额的训练可以提升非概念性知觉途径的稳定性恢复，因此，针对有情绪障碍的人，正念训练可以取代认知努力对情绪的控制。[9] 勒默尔（Roemer）和威利斯顿（Williston）在对正念与情绪调节的研究中指出，正念练习与健康的情绪调节有关，例如减少痛苦强度、增进情绪恢复、减少负向自我参照的过

---

[1] 朱倩华、方琦、张利全：《正念减压联合镜像疗法在乳腺癌术后病人持续性疼痛中的干预研究》，《全科护理》2020年第18卷第22期，第2829-2832页。

[2] 胡鑫玲、张小如：《妇科恶性肿瘤患者正念干预的研究进展》，《护理实践与研究》2020年第17卷第20期，第30-32页。

[3] 郑莹、陈俊晓、李澜欣等：《正念减压对鼻咽癌同步放化疗患者不良情绪及口咽疼痛的影响》，《国际精神病学杂志》2020年第47卷第5期，第1072-1074页。

[4] 郭水霞、马雪花、左海花：《正念训练对腰椎间盘突出症患者的疼痛程度和负面情绪的影响》，《中国当代医药》2020年第27卷第25期，第109-111页。

[5] 潘意明、林爱宝、陈亚儿等：《正念减压疗法对孕产妇产时疼痛和自然分娩的影响》，《中国妇幼保健》2020年第35卷第23期，第4426-4429页。

[6] 王芹、章新琼、王秋萍等：《正念减压法对癌症患者知觉压力与睡眠障碍干预效果的系统评价》，《重庆医学》2017年第46卷第25期，第3547-3550页。

[7] 张爱景：《正念减压疗法对失眠患者焦虑抑郁的影响》，《心理月刊》2018年第12期，第30页。

[8] 陈晓、王昆明：《正念冥想训练对大学生心理健康和睡眠质量的干预作用》，《中国健康心理学杂志》2017年第25卷第2期，第276-281页。

[9] Farb N A S, Anderson A K, Segal Z V, "The mindful brain and emotion regulation in mood disorders," *Canadian Journal of Psychiatry* 57, no.2 (2012): 70-77.

程以及增强参与目标导向行为的能力。①

（7）关于正念减压疗法在多种成瘾倾向方面的应用。杨秀娟等人基于正念再感知模型的认知—情绪—行为灵活性补充机制和"保护因子—保护因子模型"考察了无聊倾向在正念与手机成瘾倾向之间的中介作用，研究发现正念对手机成瘾倾向具有显著的保护作用，即大学生的正念水平越高，其对手机的渴求感可能越低，手机成瘾的倾向性也越低。② 其次，研究者对某戒毒所的182名男性戒毒人员进行正念干预，结果发现正念干预提升了戒毒人员的特质正念、自我同情和总体幸福感，并降低了戒毒者对毒品的渴求。③

此外，近年来在国内，正念减压课程正在国内各大知名三甲医院和高校中悄然掀起先锋浪潮。北京大学第六医院、中国人民解放军总医院、深圳康宁医院、深圳市第二人民医院、四川省人民医院等医疗机构已经在临床应用正念帮助来访者。在医疗体系之外，北京大学、深圳大学、南京大学、华东师范大学、首都师范大学等一大批高校也开启了正念相关的研究与应用。④（8）关于正念测量工具也得到了很好发展，正念干预的研究大多以量化研究为主，目前学界较权威的量表包括止观觉察注量表（Mindful Attention Awareness Scale, MAAS）、佛莱堡正念量表（Frieburg Mindfulness Inventory, FMI）、五因素正念量表（Five Facet Mindfulness Questionnaire, FFMQ）、肯塔基正念技巧量表（Kentucky Inventory of Mindfulness Skills, KIMS）、多伦多正念量表（Toronto Mindfulness Scale, TMS）、认知情感正念量表（Cognitive and Affective Mindfulness Scale-Revised, CAMS-R）、费城正念量表（Philadelphia Mindfulness Scale, PHLMS）与南安普敦正念量表（Southampton Mindfulness Questionnaire, SMQ）等。本书仅就文献中较常被使用且具良好信效度的量表进行详细说明，包括止观觉察注意量表、佛莱堡正念量表与五因素正念量表。

布朗（Brown）和里安（Ryan）通过参阅文献并访问具有高度静坐经验的僧侣和学者，编制了止观觉察注意量表，以了解个体能否接受并觉察当下所有经验，具体方式是测量在不同情况下个体出现正念状态频率的差异。MAAS为单向度量表，聚焦于测量个体对自己行为的觉知状态，共15题，采用6级量

---

① Roemer L, Williston S K, Rollins L G, "Mindfulness and emotion regulation," *Current Opinion in Psychology* 3 (2015): 52–57.

② Roemer L, Williston S K, Rollins L G, "Mindfulness and emotion regulation," *Current Opinion in Psychology* 3 (2015): 52–57.

③ 吴睿、周学辉、梁东波：《正念干预减弱戒毒人员毒品渴求的随机对照试验》，《中国心理卫生杂志》2023年第37卷第11期，第932–937页。

④ 九州心理：《让生命在当下觉醒——温宗堃博士：正念减压（MBSR）网络八周课程》，https://www.sohu.com/a/329593543_246503. 访问日期：2024年2月1日。

表，每题为1～6分，从"几乎没有"（1分）到"几乎总是"（6分），皆为反向计分。总分为15～90分，分数越高代表正念程度越高，即表示越能注意和觉察到当下所发生的经验与事件。在建构效度部分，通过对于不同样本群的聚合性与区别性因素分析后发现，正念程度，与负向适应指标（如忧郁、焦虑、神经质倾向）呈负相关；与正向适应指标（如：自信、正向情绪）呈正相关。[①]

佛莱堡正念量表是由瓦拉赫（Walach）和布赫霍尔德（Buchheld）依据正念减压训练为基础进行编制的，该量表主要针对有正念经验的个体施测。量表共有30题，采用4级量表，从"很少"（1分）到"几乎总是"（4分），总分的范围介于30～120分，分数越高代表正念程度越高。[②]

贝尔（Baer）和史密斯（Smith）搜集了当时测量正念的主要工具，包括MAAS、KIMS、CAMS-R、TMS等量表，以及道德智商量表（Moral Quotient, MQ），并将5个量表同时进行施测后总结出正念的五个维度，分别为"注意力/行动觉察"、"观察"、"不评断"、"不对内在经验反应"与"描述"，编制出五因素正念量表（Five Facet Mindfulness Questionnaire, FFMQ）。此量表共39题，采用5级量表，1分表示"从不"、5分表示"总是如此"，总分范围介于30～120分，分数越高代表正念程度越高。除了"观察"与心理适应指标有较不稳定的关联外，其余4个维度均能有效预测心理适应指标。[③]

上述量表中，MAAS是目前被翻译成多国语言应用最广泛的量表之一；FMI主要针对具有静坐经验的个体进行测量，对于未接受相关训练的个体则不适合使用；FFMQ所包含的概念虽然多元，但须考量是否可测量出正念的真正意涵。故研究者在使用量表时，建议依个人特性与研究者预期测量的成效，选用适合的量表进行测量。

三、正念减压疗法的主要形式

正念减压疗法主张以纯粹的、不带评判的态度对待当下出现的任何体验，以此获得身心的健康、疗愈与成长。在正念减压课程中，引导师鼓励学员了解自己的身体以及心智因素在维持健康和预防疾病中发生的作用，以此作为持续

[①] Brown K W and Ryan R M, "The benefits of being present: Mindfulness and its role in psychological well-being," *Journal of Personality and Social Psychology* 84, no. 4 (2003): 822–848.

[②] Walach H, Buchheld N, Buttenmüller V, et al, "Measuring mindfulness—the Freiburg mindfulness inventory (FMZ)," *Personality and Individual Differences* 40, no. 8 (2006): 1543–1555.

[③] Baer R A, Smith G T, Lykins E, et al, "Construct validity of the five facet mindfulness questionnaive in meditative and non-meditating samples," *Assessment* 15, no. 3 (2008): 329–342.

探究、学习、成长和疗愈的基本元素。

正念减压分为有固定时间、固定人员所带领的正式练习和自我随时随地进行的非正式练习。正式练习时需要练习者单独挪出一些时间并找到一个安静舒适而不被打扰的空间练习。正式练习包括：正念呼吸、身体扫描、正念立姿/卧姿伸展、正念静坐、正念行走等。在开始正式的正念练习过程中，首要步骤是确立一个适宜的身体姿态。因为端庄的坐姿本身就是对自由的肯定，对生活的和谐、美好和富足的肯定，坐姿本身就是冥想。众所周知，身体姿态对于心理状态具有显著而直接的作用。鉴于身心的密切相连性，协调稳定的身体姿态和心理态度可以促进正念的自然萌发。据此，一个恰当的坐姿或站姿能够促进内在的平静及专注力的萌生。最适宜的冥想姿势能迅速带来舒适感、放松感，并且便于保持警觉性与稳定性，而且这样的姿势能够长时间保持而不引起身体额外的负担。一旦身体达到了一种平衡、静止、稳定以及清醒的状态，个体就更有可能维持高水平的专注度。因此，在正念实践中，寻求并维持一种优化的身体姿态，对于促进冥想效果和增强正念体验是至关重要的。

非正式练习强调把自己的觉察和注意力带到日常生活的琐事、体验和遭遇中，诸如日常生活中的洗澡、倒垃圾、开车、做饭、刷牙、与孩子玩耍、工作、拥抱等。在8周的课程期间，学员要能够承诺尽可能在家每天至少练习45分钟，并如实记录练习后的反思。通常在第6周与第7周中间，会有完整一天的静默正念日密集练习。卡巴金博士提到，在正念日整天的宁静中，身体的疼痛可能会更显著或严重，焦虑、无聊或罪恶感等情绪也会滋生，但这些都是学员需要面对的课题。正念像是一面镜子，让我们观察到自身想法、念头、思考模式所引发的困境与后果，看到自己内心所设置下的种种陷阱，觉察到我们正是被这些陷阱卡所束缚。当我们发现世界一切并非如我们所想象或认知的那样，单纯地只是允许事物依其所是自然呈现，并且如实地接纳，那么我们的身心会轻松很多，我们与世界的关系也随之改变。此外，考虑到获得正规正念师资的引导师较少，以及线下课程对于时间、场地、费用等限制要求，研究者开始探讨其他MBSR课程形式的可行性和有效性，以此帮助更多有需要的人。随着互联网的普及和发展，基于网络形式展开的线上MBSR课程因其平民化、科学化、普及化等特征开始受到各个群体的欢迎。

四、正念减压疗法的主要内容

正念的正式练习主要包括正念静坐、正念瑜伽、正念行走、正念呼吸、正念饮食、正念扫描、正念沟通、正念冥想等内容。

（一）正念静坐

正念静坐本质上是静静地坐着，然后觉察身心内外的升起与消失，从不知不觉到有知有觉。8周课程以45分钟的正念静坐练习为基础，觉察包括呼吸、身体、声音、念头、无拣择觉知5个觉察对象，然后逐渐增加练习时间，慢慢地延伸练习的深度与广度。正念静坐强调练习者的内观体验，在实施内观冥想的过程中，参与者被指导遵循非评判、接纳的心理态度：即在探索思维活动时，避免采取任何主观性的评估或矫正措施。在这样的实践中，重要的不是对所有出现念头执着思考，而是在这些认识浮现时保持客观的注意，并将其平稳地引回对呼吸的专注。通过反复练习，内观冥想的练习者将逐步进入更深层次的自我洞察状态，在该状态中，练习者能够观察到意识本质和思想运作的微妙机制。此种练习的目的是促进练习者对新思维行为模式的理解与包容，而非深陷其中或与之对抗。事实上，没有抗争的观察正是冥想的核心特征，这一点怎么强调都不为过。它旨在帮助个体减少对内心经验的抗拒，从而增加心理灵活性和平和感。通过正念静坐培育内在的稳定力量，练习者学会安然地与自我同在。此过程不涉及任何的宗教崇拜或信仰，是温柔、安全且不神秘的练习。

教育者们深谙学生内心渴求被看见的愿望。当孩子们想引起他人关注时，可能会通过课堂上的顽皮行径来吸引目光。同样重要的是，我们的身体也寻求这种关怀，期盼我们能够暂时放下手头事务，聆听并回应它的需求和状况。身体扫描犹如身体旅行般，带着心灵的眼睛逐一浏览自身的每个角落，感受与自身同在的好奇与自在。练习者可以自由选择练习的姿势，譬如坐着、躺着或站着。然后闭上双眼，用一些时间来观呼吸以回到当下，按照从头到脚或从脚到头顺序觉察身体的每个部位，感受身体想传达给我们的信息。身体扫描是一种简单快速将注意力迎回当下的方式，有助于缓解全身和神经系统的紧张，并且强化个体对情绪的觉察能力。在正念减压课程中身与心同等重要，从身体领悟的智慧可以延伸至日常生活。

正念静坐练习引导语：

首先，请找一个安静的地方坐下，可以选择盘腿坐在垫子上，或是坐在一把支撑良好的椅子上。确保你的背部挺直，但不僵硬，手放在大腿上，掌心朝上或朝下，取决于你觉得哪种更舒适。

闭上眼睛，深呼吸几次，通过鼻子吸气，感受空气流过鼻孔，填满你的肺部；然后缓缓通过嘴巴呼气，感受身体的放松。每次呼吸，尽量比上一次更深、更慢。

现在，将你的注意力集中在你的呼吸上，不需要刻意调整呼吸，只是观察它的自然流动。注意到呼吸的起伏，胸部和腹部的轻微运动。

当你的思绪开始游离,你可能会发现自己被一些日常的忧虑或计划所吸引,这是完全正常的。关键是意识到这一点时,温柔地、无评判地将注意力带回到呼吸上。

在接下来的一段时间里,就让我们保持这样的状态,专注于呼吸。如果你感到困惑或分散,记住这个过程就是关于返回和重新开始的,每次带着善意和耐心回到呼吸上。

现在,慢慢将你的注意力扩展到身体的其他部分。从头顶开始,缓缓向下到脚趾,观察身体的每一个部分,是否有紧张或放松的感觉。不需要做出任何改变,只是留意并接受。

接下来,将你的意识扩展到你周围的环境中,注意到任何声音、气味,甚至是空气中的微风。接受这些感觉,让它们成为你静坐经验的一部分。

最后,当你准备结束这次静坐时,再次深呼吸几次,然后缓慢地、温柔地动一动你的手指和脚趾,慢慢地睁开眼睛。在站起来之前,给自己一些时间去感受、去适应。

记住,正念静坐是一种练习,每次的体验都可能不同。重要的是持续地练习,并以善意和耐心对待自己的进步。

(二) 正念瑜伽

正念减压课程中的伸展练习借鉴了哈达瑜伽的部分动作,强调专注于肢体的变化,通过自己对身体的觉察,突破舒适圈但不进入危险区。正念瑜伽伸展分为两个部分,一部分是卧姿伸展,方便不能站立者依然可以练习;另一部分是立式伸展,帮助个体进行适度的伸展活动,同时提升对动态身体的觉察能力。在正念伸展练习的过程中需要专注于身体发出的讯号,温柔地探索身体的可能性与局限性。伸展的幅度应当由当下的身体状况来决定,而不是由引导师、同伴、期望、意志力或过去的经验所左右。通过正念伸展练习觉察以往对身体无情的剥削和习惯性的操控,并逐渐转换为对身体的尊重与爱护,重新开发与探索自身。

正念立姿/站姿伸展练习引导语:

首先,站立时保持双脚与臀同宽,膝盖轻松,双腿略弯,脚平行。这种姿势可能带来新的体感。

接着,提醒自己练习目标是深切感受身体和情绪状态,尊重并探索身体极限,避免出现超越或竞争的想法。

吸气时,慢慢抬起双臂至头顶,感受肌肉紧张。随自身呼吸节奏,继续伸展,关注从脚到头部的每个部位的拉伸感。保持伸展几分钟,注意身体感受的变化,包括任何不适。如果感到紧张或不适,试着接纳这些感觉。

呼气时，缓慢降低双臂。转动手腕，手指向上，再次抬起双臂至肩高，闭眼专注于呼吸和身体感受，注意放松与自然状态的区别。继续正念伸展，像摘果实一样抬高手臂，集中注意力在身体和呼吸上。观察手部伸展和脚跟离地时呼吸的变化。

缓慢抬高双臂，身体向一侧弯曲形成大曲线，然后回中央，换向弯曲。完成后，放下双臂，自然放松。轻轻转动肩膀，胳膊自然垂下。肩膀先耸起，向后转动让肩胛骨靠近，然后向下转，再推向前方，重复流畅的转动。

最后，转动头部，下巴靠近胸骨，头部向一侧转动让耳朵靠近肩膀，然后换方向。完成所有动作后，站立静止几分钟，感受身体拉伸后的状态，进入正念静坐。

（三）正念行走

对于大多数人而言，行走是每日生活中自然而平常的事情。但大部分的行走都具有明确的目的性，比如接电话、上班、上学、上厕所、拿东西。正因为它很重要反而使我们忘记了如果失去它将会对生活产生多大的影响。因此，当我们走路的时候，心思大多时候会放在某个目的，而不是走路当下的历程。走路本身几乎从来不占据我们注意力，即便是在散步，我们的心也很少会在行走本身上停留，而是充斥着川流不息的思绪、想法或评断。但是在正念行走的练习中，我们会把全然的注意力带入行走的历程。

正念行走是一种融合运动与冥想的练习，对于那些觉得传统静坐冥想具有挑战性的人而言，这种动态练习可能更易于切入。相较于静态的坐姿或仰卧练习方式，行走冥想为某些人提供了一个更鲜明、更活跃的焦点对象。在正念行走的实践中，参与者将注意力专注于步行时的感受。保持眼睛张开，对环境（包括自然界或人类活动产生的声音、视觉刺激、风、气候变化、阳光等）保持敏锐的觉察。正念行走可以通过结构化的练习进行，例如设定特定的练习时长（15～20分钟或更长），或采取极其缓慢的步伐；正念行走同样也可融入日常生活作为一种非正式的练习，在日常生活中从一处移动至另一处时随时进行。在非正式的正念行走中，我们以平常的步速前进，但对每个步骤的意识提升到一个新的层级。这不仅可以增强我们日常生活中的专注觉知，还可以为练习正念技巧提供无数机会。在正念行走中，身体感受是核心关注点，特别是脚底对地面的感觉。参与者应当聚焦于身体重量通过脚掌传达给地面的感受，并留意身体各部位，包括脚、腿和其他部位所做出的微妙调整以维持平衡和直立姿态。这种对身体平衡不断调整的觉察，使得原本被视为理所当然的站立、行走能力变得充满挑战性。在冥想过程中，要特别关注脚离地、脚移动以及再次着地的瞬间来帮助集中注意力。当到达路的尽头，转身并重新开始时，保持对身体感受的好奇和温柔。正念行走就像是对走路这一日常行为的重新学习,每一步都被视作一场探索、一次成就和全新的体验。

正念行走引导语:

设定一个目标,安排至少10分钟(最多30分钟)通过正念行走练习培养正念。不要设定任何目的地,只是为走路而走路。选择一处准备在其间走路的地方,可以在室内绕着房间走,也可以在室外走,或是在相距30英尺左右的两点间来回走。提前决定在哪里走路很有帮助,否则,你可能会内心声音不断,纠结于这地方好不好、是否还有更安静、更美丽、更温暖的地方等。你可以自己设定步速,但个人感觉步速慢更容易实现正念行走。

将注意力集中到双脚,观察跖球部位的感受,然后是脚后跟着地时的感受。观察脚踝、小腿和双腿其他部位的感受观察抬脚、落脚时的感觉。

抬脚时留心你在抬脚,落脚时留心你在落脚。还要观察你重心转移时的感觉。

观察走路过程中的所有小细节。你还可以通过自言自语一些特定词语来保持注意力,比如"抬脚""换重心""迈步"等。或者,你也可以数步子,数到10后再重新开始。

有时你的思绪会漫游,出现这种情况时,只需轻轻把思绪拉回来即可,你可能会发现,除了会陷入思绪以外,你还会陷入对周围事物的观察或是陷入各种声音。没关系,你经常会发现你注意到各种此前从未注意到的细节,比如,世界忽然变得更加色彩斑斓。不过,你要努力做的是专注于行走。另外,你也可以关注"看到"或"听到"的内容。

准备好以后,结束练习。观察练习后你自己或你的体验发生了什么变化。

(四)正念呼吸

呼吸可以说是每个人与生俱来的事情,但人们可能不会关注到每时每刻都在发生的呼吸,可能只在运动或情绪激动时才注意到它。正因为呼吸永不停止以及人人必备等特性,使得呼吸成为一种我们可以随时随地拾起,帮自己定格当下的正念训练方式。呼吸是让我们生命驱动的泉源,借由呼吸感受生命回到当下,所以无论面临多大的困境,你都可以深深地呼吸,借着呼吸体验与自己存在的感觉,尽管环境非常嘈杂,也能随时随地的将注意力放在呼吸上。正念呼吸是正念练习的基础,可以坐着、站着或躺着进行练习。正念呼吸强调体验呼吸的降临与离开,不需要深呼吸或思考如何吸进呼出。个体可以通过多种方式体验呼吸的感觉,譬如呼吸时鼻腔冷暖空气的进出、胸腔的扩充、腹部的上下起伏等。通过有意识地培育这种觉知,我们可以认识到每次呼吸不仅仅是简单的生理过程,而且是在滋养和润泽我们体内的每一个细胞。在正念呼吸时可能会注意到思绪多次游走,但无须责怪自己,因为能注意到思绪何时游离,其本身就是一种专注,我们只需温柔地将思绪带回呼吸即可。

3分钟正念呼吸引导语:

最好选一个不受干扰的场所(只需3分钟),当然这个练习在任何地方都可进行,练习时坐着、躺着、站着都行。调整姿势,让肩膀放松,下巴放松,后背竖直不要弓着。轻轻闭上眼睛,或是目光温和地注视下方。确定自己做此练习的动机。练习时,开始先用一个宽大的角度,然后慢慢收窄,只专注呼吸然后又将角度扩展到整个身体/大脑、房间等。你可以想象一个沙漏的形象。第一分钟,将觉知角度放宽,进行"天气检查"(weather check):你脑子里在想什么?你心里有什么感觉?你的身体感受有哪些?第二分钟,把角度收窄,把精力集中到吸气和呼气,轻轻呼吸,不要刻意用力。以呼吸为锚,最后一分钟,再次将角度放宽、扩大,去关注整个身体、周围环境、任何声音、任何气味等。在此过程中,你的思绪会漫游,只要把它们轻轻带回当下即可,只带着好奇心不加任何评判。祝贺给自己这段时间做专门练习。

(五) 正念饮食

正念饮食是将正念的觉知温和而非强迫地带入我们日常进食的历程。禅宗第八十五代宗师悟觉妙天禅师曾说,"在吃东西之前,先问问自己的胃想吃什么",这是一种观照自身的训练。很多时候我们吃东西是由于惯性反应,大多数时候甚至不知道自己在吃什么。同时,很多人把吃东西作为缓解情绪的方式之一。譬如,当个体感觉焦虑、孤独、无聊或空虚时,会食用大量让人感觉满足的食物,而这些食物通常含有较多的脂肪和糖类。而正念饮食是将正念带入我们与食物联结的各个环节,比如购买食物、准备食物、食用食物以及进食后的感觉等。透过正念饮食能帮助我们养成用心感受当下的饮食习惯,重新检视和食物间的关系,避免情绪化饮食,以健康的方式控制血糖、管控体重,找回平衡的身心状态。在8周正式课程的第1周,引导师会带领学员进行正念葡萄干练习,具体指充分利用个人的眼观、耳听、鼻闻、唇抚、舌滚去了解这一粒葡萄干的大小、颜色、纹理、重量、味道等,让练习者切实打开自我感官,体会到原来小小一粒葡萄干也有这么多层次的味道与口感,从而真正地体会食物是如何滋养我们的身心。有的练习者拿到葡萄干就不由自主吃完了,在此过程中,他们觉察到自身的内在冲动,尤其是对食欲的冲动,是多么不受控制。一旦我们能够清楚地觉察到当下的心念移动和所作所为,那么事情就会变得更加单纯和满足,会感到对自己更有掌控力,活在当下,身心无比舒畅。

正念饮食引导语——以正念吃葡萄干为例:

你可以把手洗干净,然后取一颗葡萄干,轻轻放到掌心。尽量显得你是第一次遇到这样一个东西。就好像你是一个小孩子或者一个外星人，对"葡萄干"没有任何概念。尽量动用你所有的感觉，暂停任何评价，不形成任何概念。

坐在那里，看着它。你注意到什么？

它看起来像什么？

它的表面、那些高高低低的部分是什么样子的？

你看到了什么颜色？

和你的手掌相比，它有多大/多小？

迎着灯光看，它的样子有变化了吗？

它摸上去感觉如何？

它的纹理是什么样子的？

你按它一下，它的纹理发生变化了吗？

把它拿到耳边挤压一下，你能听到什么声音吗？

它闻起来是什么味道？

和你的葡萄干尽情玩耍吧，就好像你是这个世上最悠闲、最有好奇心的那一位。玩够了，就把它塞到嘴巴里。

当你用舌头裹住它、推着它在嘴巴里到处转悠时，感觉它是什么样子的？

当你轻轻咬它一口时，发生了什么事情？

你的感觉是什么？它尝起来是什么味道？

你还可以思考一下葡萄从哪里来？它现在是什么？它变成了什么？显然，思考这类问题需要的知识不是一个外星人或孩童所具备的，但你还是应该保持那份好奇心和开放心态。

当你准备好时，结束练习。

你的体验是什么？

（六）身体扫描

正念大部分的练习都是生活中可以随时拾起的，譬如呼吸、饮食、行走、沟通等都与生活息息相关，而我们需要做的就是将心放在当下的感知中。进行正念练习时，应从当下的经验着手，而睡前身体扫描可以让我们很好地放松并进入睡眠状态。

身体扫描引导语：

安排好时间，到一个不被打扰的地方练习 20～30 分钟（一开始可以从 10 分钟练起）。关掉手机，祝贺自己专门安排了这段时间。请保持开放、温柔与好奇，请"保持清醒"。

找一张席子或是一张结实的床，躺下，让身体放松，紧贴地面床面或椅子，但要保持有觉知状态。你可以去拿一张毯子盖在身上。你也可以保持坐姿做这项练习。

放松双肩，做几次深呼吸，双臂放在身体两侧。轻轻闭上眼睛，尽全力收紧全身肌肉——表情肌、眼睛、嘴巴、双手、双臂、腹部、臀部、骨盆底部、双腿、双脚，以及其他一切你知道的肌肉部位。收紧这些肌肉，越紧越好，收紧……然后放松。

现在，从脚部开始，把注意力转向这一由骨骼、肌肉和肌腱组成的部件。想象你正在将一束聚光灯投射到你的脚，轻柔地、带着同情心和不加评判的态度，探索那里有什么东西？你双脚的感受是什么？绷紧？麻酥酥？热？冷？你能感觉到有什么接触你的双脚吗？毯子、地板、袜子或紧身衣？专注体会每一个脚趾，你能感觉每个脚趾都是彼此分开的吗？你注意到什么感觉？有时，你会发现很难专注于或感受到身体的某一部位，呼气时感觉气息流向那个部位。

若你的思绪开始漫游，把它当作正常现象，接纳它，无须评判或评估。祝贺自己能够注意到这一点，轻轻把思绪带回练习中。要知道，思绪天生爱漫游。

从双脚移到脚踝，你感觉到什么？你有没有发现任何收紧感？任何疼痛、悸动或其他感受？尽量避免给这些感受打上好或坏的标签——只对究竟在发生些什么保持最大的好奇心。

做完这些后，就可以继续将关注移向小腿肚。再一次，保持好奇心：这个部位有什么感受？再一次，如果头脑漫游了，轻轻把它拉回来，不加评判，带着善意、好奇心与同情心。

做完这些后，往上依次观察膝盖、大腿、骨盆区域和臀部、腹部、胸部、双手（包括手指）双臂和双肩。

最后是下巴、面部和头部。只是去观察、探索、保持好奇心，不要让自己陷入什么故事情节中，避免出现诸如"我就知道我早该去健身房了""我的肌肉太僵硬了""这是哪儿疼啊？会不会是身体出毛病了？""我太累了，这究竟是为什么啊？"此类的想法。在此期间你会发现自己忍不住要做出评判或做出假设，假设自己会感觉到什么、那些感觉可能意味着什么。但那样做真的没什么意义。如果你觉得很难，只要尽力而为就行。对自己好一点。

你会发现身体的某些部位会带有情绪，或者说特定的身体感受与特定的情绪状态相关联。对待情绪也要像对待身体感受那样，在它们出现、转移、改变、消失时，只注意发生了什么就好。

（七）正念沟通

人是群居型动物，群体性的特征要求个体与他人产生连结，而连结最大的特征就是人与人之间的沟通，但是现实中我们会不自觉的在沟通过程中夹带一些个人的假设与预判。例如看见父母的电话，就会联想到是不是要被唠叨了，进而感到心烦意乱，甚至犹豫是否要接起这通电话。而正念沟通是先放下这些评价，抛开旧有假设，运用正念的方式聆听对方所要表达的真正意思，并且在听完一个完整的内容后，根据对话内容选择适当的表达模式。具体而言，是专注于对方的语调、身体的表达、手势与脸部的表情，结合对话信息，体会对方表达的情绪与意思，同时，观察自己在沟通过程中产生的情绪与想法。

（八）正念冥想

正念冥想，又称慈心禅，是佛教传统中一种重要的精神修行方式，由于正念冥想具有复杂性，在众多冥想形式中被视为颇具挑战性的。该修行不仅涉及对敌意对象发展出慈悲之心，而且它尤为强调培养对自我的慈爱与同情。从内在心理机制上讲，一个人若希望建立起对他人真挚的关爱，并致力于服务他人，首要条件是必须学会以同样的慈悲态度对待自身。这种内向的慈悲是建立外向慈悲的基石，反映了深层次的自我接纳与关怀，它在推动积极的人际互动和社会服务中扮演核心角色。慈心禅实践带来的益处，在传统佛教文献中已被广泛记录。这些益处包括改善睡眠质量、醒来时感受到身心的舒适、减少噩梦发生、提升个人魅力（特别是在与儿童的互动中）、与动物和谐相处、增强社会支持与保护、避免暴力或意外伤害、促进冥想状态的达成、改善面容表情并在临终时保持清晰的心智。[①] 在慈心禅的具体修习中，通常建议先从慈悲对待自己开始，随后向外拓展至朋友、不甚熟悉的中立人士，最后甚至是敌人。这一过渡至涵盖所有感情类型的个体是实现真正无条件慈悲的关键步骤。修习者不需要在每一次冥想中都强迫自己覆盖所有关系层级，更为重要的是保持练习的深入和轻松。

第三节　正念减压疗法作用机理

一、正念的练习方法

正念是关于念头的修行，心中的念头经常是杂乱无章又时空交错，如何练

---

① 法布里奇奥·迪唐纳：《正念疗法：认知行为疗法的第三次浪潮》，郭书彩译，人民邮电出版社，2022，第371页。

习才能让念头不偏不倚地停留在当下而不被过去或未来所挟持，2500多年前的佛陀提供了一个具体的方法。首先，练习将念头放在每个当下自己身体的物理性感觉中，比如观察身体的冷、热、麻、肿、痛、胀、闷等，而不是对身体的想象或期待。其次，练习将念头放在每个当下心理所浮现的各种感受，观察心中所浮现的愉悦、幸福、悲伤、生气、遗憾、恐惧、焦虑等感受。再次，练习将念头放在每个当下心理所浮现的各种想法中，观察心中所浮现的想象、认知、期待、思考、观点等。最后，练习将念头放在每个当下所呈现的一切中，观察周围的人、事、时、地、物等。这四个层面即为"身、受、心、法"四念处。在此四念处中，以身为首是很重要的，因为后三项本质上是比较抽象的，直接进入后三项观察念头很容易失焦而不自觉，故需要先以具体的身体为觉察对象。

正念减压中强调对身体的觉察，则是来自于正念的基础理论之一的"四念处"。因此，正念减压所训练的觉察是明确且步骤清晰的，在觉察的各个范畴中，对身体的觉察是基础核心。一些心理治疗也会注意到身体，但通常侧重于肢体语言所透露的讯息、意义或诠释，进而从身体进入隐而未显的认知、情绪与情感。此时，身体觉察是一种帮助人们更好了解自己的工具，可以扩增个人对认知或情绪层面的理解。然而，在正念减压课程中，身体的觉察本身就是目的，而不是作为表征意识的工具，课程中的觉察训练没有要去任何地方、没有要做任何事、也没有要获得什么，所在即是。因此在课程中有大量的身体觉察练习，例如腹式自然呼吸、身体扫描、正念瑜伽等。透过对自己身体单纯而全面的觉察，且不加以进一步地想象、诠释或思考，练习者学习亲近真实且具体的自己，不假外求地和自己的每一个当下同在，毕竟身体永远是活在当下的，身体既回不到过去也进不到未来，而且身体不像大脑那样会编故事。

二、正念减压与当下体验

正念减压课程强调人们真正能掌握的时间只有当下，因此尽可能地让自己充分地经历当下所感受到的一切是最重要的。心理治疗中的许多典型案例，如逃避、压抑、否认、投射、抽离、反向作用等都是与当下脱节的。有趣的是，即便与当下脱节，人都还可以活得好好的，因为一旦人们学会了一项技能并加以熟练后，接下来通常不需要花太多力气与专注力便可以完成，大脑的自动导航系统会接收一切工作。所以即便与当下脱节，自动导航功能也可以无误地完成大部分的事情。只是完成的过程中可能心不在焉、听而不闻、食不知味，只是局部或少量地与当下同在。典型的例子如人在这里心在他处、面对着甲心里却想着乙，人活于现在心却不自主地牵系着过去或未来。正念减压课程通过系统性的训练，逐步拓展与增加活在当下的分量，尽量让自己的身体与心灵同在。

正念减压始于将觉察带到当下的体验，观察且留心当下的想法、心理感觉以及身体感受的各种变化。换言之，通过调节注意的焦点，对正在发生的一切保持清明的警觉和对当下保持稳定持续的注意。然而，当个体安静下来时，各种感觉、想法通常会不由自主地浮现出来，觉察到这个现象，并将注意力调整回正在从事的事情上。在此过程中渐渐发展出切换注意力的技巧，增加注意力的弹性，让我们能够从一个专注对象移转到另一个对象。简言之，正念与持续稳定的注意力以及注意力的切换能力有关。

正念训练强调对于心理与身体所呈现的一切进行直接的体验，而不是通过大脑的思维作用来精心推敲某个感觉或想法的起源、意义或结果。所以，当我们的头脑不再花很多力气不断地思索反刍时，就可以挪出一些空间来接收与当下经验有关的信息，对于当下的经验产生更广阔的观点。发展出正念认知疗法的蒂斯代尔（Teasdale）及其同事发现正念干预训练可以将注意力从反复放入负向思索转至当下自身，由此来阻断导致忧郁症复发的思维反刍模式。事实上，反刍思维并非忧郁症者专属，而几乎是所有精神困扰的基本现象，因此成功阻断不具意义的反刍，对心理健康有重大影响。

三、正念练习的七态度

正念减压疗法是一种基于实践的学习，借由诸多活动培养个人专注与觉察能力。卡巴金认为在进行正念练习时，始终需要秉持七种态度，包括不批判、耐心、初学者之心、信任、不强求、接受、放下。这些态度交互作用，任何一个态度都会影响其他态度，共同促进我们身心同在，并不断疗愈自我。在正念减压课程训练中，七个态度的养成对于课程效果有至关重要的影响。

（1）不批判。一旦个体开始练习观察"心"的活动，通常会陷入不断地自我批判的困境中，心将看到的所有事物进行分类和标记，而正念练习是辨认这些批判的特性，并提醒自己时刻保持公平无私的态度去观察它。当发现心理在批判时，无须停止这些批判，反而需要觉察到它们的出现，不需对批判进行再批判。

（2）耐心。耐心是一种智慧，表示个体了解并接受某个事实。个体时常会感到不耐烦，是因为心里产生了批判，或是当下正在经历紧张、激动、反抗等情绪风暴。耐心让个体接受心灵漫游，同时提醒自我不要去刻意捕捉它，或企图用行动或思考填满这个瞬间。正念减压鼓励练习者信任自己并给自己多一些耐心，对于课程要求所引起的身体不适，如在静坐过程中，学习观察不舒服的感觉，不逃避、不闪躲，对各种感受、念头、情绪与强烈欲望采取一种不带评价的应对方式，延长对不舒服感觉的探索。经过练习会发现这样的不舒服并没有带来预期中的灾难性结果，如此一来可以降低因不适所导致的过度情绪反应，使得练习者对不适不再过度敏感。即使不适本身并没有减少，因不适所引起后续的苦恼或烦忧却可以获得缓解。许多研究发现，正念练习可以改变思维模式或至少改变对于思考的态度，卡巴金表示当练习者在不适、疼痛或焦虑时，若可以不带评价地观察心中浮现的各种想法，就会体会到这些想法就只是想法，未必是真实或现实状态的反映。

（3）初学者之心。初学者之心指面对每一个人、事物时，都好像第一次接触。当个体带着初学者的心情去容纳各种新的可能性，任何一个时刻都是变化的，每个时刻都是独特的，并拥有任何独特的可能性。正念学习教导我们对于每一刻心中所浮现的念头或感觉，抱持着好奇的心态来加以观察。因此，我们并不试着追求某种特定的状态或境界如放松或开悟，也没有要改变任何感觉，而只要单纯地留心观看，开放地接纳心中所浮现的一切。放弃想要获得某种体验的期待，允许当下的想法与感觉自由地呈现。因此，正念可以概念化为对经验开放的历程，而好奇与接纳的态度能导致处事态度发生改变。

（4）信任。个体从冥想中发展的自我信任远比引导者或是专家的指导更好。即使会时常犯错，也要随时观看内心来引导自己。在练习正念时，要对自我负责，并学习聆听与信任自我。当逐渐培养自我信任的态度时，会越来越容易信任他人，并且看到他人性善的一面。

（5）不强求。这个态度通过看到自己正在发生的一切来培养正念，如果感觉到紧张，就只去注意这个紧张；如果感觉到痛，就尽可能地与此痛共处；如果发现在批评自己，就去观察批判自己时心的流动。单纯地去观察这一切，要允许此时此刻发生的任何事物，因为它就是如此。

（6）接受。接受，不是指个体必须喜欢任何事物或是要保持正向的态度，而放弃原有的原则或价值观；不是必须忍耐自己去服从事物"必须"（have to be）的样子；也不是放弃欲望，让自己改变或成长。愿意接受仅仅表示看待事物本身的样子。当个体启动心里的内在信念去行动时，视野便会停止心里的批判、欲望、恐惧及偏见，这个态度会让个体清楚地知道实际上发生了什么。正念干预训练强调对所有的经验抱持开放与接纳的态度，当然也包括不愉快或痛苦的经验。接纳改变了事件对当事人的主观意义，痛苦情绪的威胁感因而降低，情感的宽容程度因而得以增加。

接纳与改变的关系是当代心理治疗的核心议题。山利（shanley）认为接纳是指开放地、心甘情愿地允许不适感出现，不去试图控制、改变或避免开它。[①] 以恐慌症为例，正念练习可以让恐慌症患者接纳恐慌的发作是偶然的、有时间限制且并不危险的。恐慌的确是很不舒服的经验，却也是短暂而可以容忍的经验，而非必须不计代价躲避的危险经验。正念练习强调全面地接纳想法、感觉、冲动，以及身体的、认知的、情绪的现象，而不急着去改变或逃避它们。

（7）放下。当个体开始专注内在经验时，会很快地发现心想要抓住某些想法、感觉和思绪。当发现特别难以放下某些事物时，可以试着直接让注意力停留在"维持"的感觉。维持与放下的感觉相反，借由观看这些相反经验，正念会让个体对这些经验保持一个中立的位置，从而更客观地看待自我处境。

四、正念的心理生理效应

从正念的作用机制来看，主要有心理机制和生理机制两部分。在心理机制方面，通过对国内外研究者的研究成果进行分析，可以发现正念作用的心理机制主要涉及感知觉、认知、注意、记忆和情绪等。首先，感知觉是正念训练发生作用的重要机制之一，主要表现在正念训练过程中，个体的感知觉能力会发生变化。例如，正念训练能够降低个体的痛觉感受性[②]，提高个体的视觉敏感性。[③] 这可能由于个体的主观意图不同，在痛觉训练中，个体的主要目的是忍受疼痛，而在对视觉敏感性的研究中，主要要求个体能够迅速对视线内的刺激做出反应。忍受疼痛极可能与正念含义中的"非评判的接纳"有关，而后者则更可能与"对此时此刻的觉察"有关。其次，正念训练也可导致认知功能的转变，正念训练中强调"非批判、接纳的态度"，而这种认知模式会进一步加剧个体的负性情绪。而正念训练便是一种"去自动化"的过程，即控制自己的认知，不做出自动化的习惯反应。也有研究认为注意是正念的核心机制。[④] 再次，正念训练的过程也存在着对注意的训练。比如陈翠翠等指出，经过正念训练之后，学生的注意力稳定性显著提高。[⑤] 另外，情绪在个体的身心

---

① 戴维·山利：《社恐自救指南》，张雨珊译，东方出版社，2021，第54页。
② 王娟：《关于正念治疗疼痛的心理与脑机制研究》，《医学与哲学》2016年第37卷第11期，第60-61、66页。
③ Brown D, Forte M, Dysart M, "Differences in visual sensitivity among mindfulness meditators and non-meditators", *Perceptual and Motor Skills* 58, no. 3（1984），pp. 727-733.
④ 彭彦琴、居敏珠：《正念机制的核心：注意还是态度？》，《心理科学》2013年第36卷第4期，第1009-1013页。
⑤ 陈翠翠、杜晓新、李叶娥：《正念训练对学习困难学生注意力及学业情绪的影响》，《基础教育》2019年第16卷第2期，第74-81页。

健康中起着重要作用，而正念的显著功效之一就是改善个体的情绪状态和情绪调节能力。[①] 因此，情绪也是正念起作用的重要心理机制之一。

在生理机制方面，大量研究表明，长期进行正念练习的人和普通人在神经生理活动和脑功能及结构上存在明显差异。以往的研究大多注重正念引起的交感和副交感神经功能的变化，如呼吸延缓、心跳变慢、血压降低、皮肤电阻增加等。近年来，脑电图、磁共振成像等神经影像学技术的应用为认识正念的脑机制提供了独到的证据。长期的正念训练可使前脑岛、海马、颞叶、前额叶和扣带回等脑结构皮层厚度或灰质密度的变化。这也是它改变个体感知觉和注意、记忆能力及情绪调节能力，保持身心健康的神经基础。[②]

此外，基于人类生存本能的保护机制——趋吉避凶，当出现可能危害到个人生命的情境时，会自动出现逃避、抗拒的念头、情绪感受或行为，并会直接驱动大脑当中的警报器——杏仁核，交感神经系统会刺激身体，快速地将身体内在储存的资源转换成外在可以面对威胁攻击的能量，准备战斗或逃跑以免受到伤害。所以通常人们看到蜘蛛、蛇等可怕的事物时，会本能地感受到威胁，继而自动化启动杏仁核的警报器反应。然而，人类的大脑却无法明确分辨真实和虚假的警报信息，即不论是真实或想象的危险情境都会启动杏仁核警报系统。倘若警报器不断被启动，造成大脑机制过度活跃，则可能会在真正需要启动警报器时漏接真实危险的讯号，无法应对当前的危机。正念训练可有效减少杏仁核警报器的误判，在正念过程中若出现负面的具威胁性的经验或感受时，仅需明确标注这些想法、情绪和感受为何，并将其视作浮云一般，以不闪躲、不逃避的方式接纳，最终会发现这些负面的感受和经验并不会带来灾难性或不好的结果，并不需要启动大脑的警报器。因此，长期的正念练习可帮助人们有意识的区分真正与虚假危险的情境，降低假警报事件的概率，避免过度耗损个人的内在能量，让内在资源得以在需要的时刻发挥效益，并去除非理性负面想法与生理机制的联结，提升自我情绪调节之能力。[③]

---

① 李英、席敏娜、申荷永：《正念禅修在心理治疗和医学领域中的应用》，《心理科学》2009年第32卷第2期，第397-398、387页。

② 汪芬、黄宇霞：《正念的心理和脑机制》，《心理科学进展》2011年第19卷第11期，第1635-1644页。

③ 温宗堃：《西方正念教育概观：向融入正念训练于我国教育迈进》，《生命教育研究》2013年第5卷第2期，第1-26页。

第五章　正念干预实验及其效果

正念作为一种以接受和觉察的方式直面当下经验的心理训练方法，已被广泛用于减少个体的心理压力，并提升其情绪调节能力。为了帮助教师减轻压力、缓解焦虑情绪并提升其正念水平、情绪调节能力、生活幸福感等，我们针对中学教师设计了具体的实验干预方案且开展了正念 8 周减压实验，并运用 SPSS 26.0 对实验数据进行科学分析和检验。

第一节　实验的设计与实施

一、实验引导者与实验对象

（一）实验引导者

本次实验的正念课程引导者具有美国麻省大学医学院正念中心颁发的 MBSR 合格师资证，具有较丰富的正念课题组参与经验和团体辅导经验，具备进行正念减压课程引导的专业素养。

（二）实验对象

全国共有 65 名教师报名参与研究。报名者需为在职在岗教师，且自述有缓解压力、调节情绪的需求，有主动参与的热情和意愿，同时有全程参与课程的自我坚持的承诺，排除精神病性障碍、抑郁症、双相障碍等患者。经过初步筛选，最终确定 32 名教师参与本次实验，所有参与者都签署了知情同意协议，接受免费的线上正念 8 周减压训练。最终，删除了未能全程参与课程和作答误差大的样本后，共得到 30 个有效样本。本次实验的课前筛选问卷见附录一。

二、实验方案

本研究在标准 8 周正念课程架构的基础上,改编为更具有教师职业特征的课程体系,具体内容见表 5.1。正念干预实验通过每周六晚两个半小时,共计 8 次的正式课程来进行,包括一日止语课程、1 次课前说明会以及 1 次正念教育论坛分享会。每周课程根据课程练习的核心目的设计,旨在帮助教师通过观察呼吸、身体感受、情绪等方式缓解焦虑情绪、平和身心,并鼓励教师将正念带入日常生活中。

表 5.1 8 周正念课程计划方案

时间	课程主题	课程内容	课后作业
课前约见	课前说明会	介绍正念;自我介绍;课程规则	正念呼吸 15 分钟
第一周	正念是什么	正念吃葡萄干练习;身体扫描	身体扫描;正念饮食;九点连线练习
第二周	认知与创造性回应	正念呼吸;观察图片;身体扫描	身体扫描;正念呼吸;填写愉悦事件日历表;每日非正式练习一次
第三周	活在当下的快乐与力量	正念行走;正念卧姿伸展	正念伸展;正念交流;填写不愉悦事件日历表
第四周	制约作用和认知如何塑造我们的经验	正念立姿伸展;身体扫描	交替练习正念伸展和身体扫描;觉察压力和不愉悦事件,但不尝试改变它们
第五周	压力事件的观照	正念立姿伸展;正念静坐	交替练习正念伸展、正念静坐、身体扫描;填写交流困难日志
第六周	线上正念交流论坛 正念的沟通与人际关系 一日正念(周日)	正念立姿伸展;正念静坐;一日正念	交替练习正念大练习
第七周	正念全面融入生活	正念静坐;立姿身体扫描	无录音正式练习;非正式练习

续表

时间	课程主题	课程内容	课后作业
第八周	正念的新人生	身体扫描； 正念伸展	永远不会结束的第八周

8周课程设计均从专注呼吸开始，通过关注呼吸、静心冥想，把练习者的心引导回当下。每次课程虽然主题不同、动静形态各异，但课程内在逻辑一致，即正念五个层次：第一个层次是学习内观，即专注于呼吸、身体觉察与身体扫描等；第二个层次是进行动态的正念瑜伽练习；第三个层次是更精微的情绪觉察与处理的练习；第四个层次则是思考观察与处理的练习；第五个层次则是行为选择计划与生活整合。

教师在接受正念减压训练的过程中，会逐次经历"正念是什么？混淆与期待的磨合期""初试正念，处处惊喜""正念中，看见另一个我"和"生活中的正念"四个阶段。

1. 阶段一：正念是什么？混淆与期待的磨合期

大部分教师在开始正念训练前，对于正念是什么并不清楚。许多人以为是"转念"或是"正向心理学"的课程，当他们听说正念的训练着重于对当下的觉察时，常感到困惑，同时充满好奇与期待。整体来说，尽管正念团体训练的形式、内容与多数教师在参加前的预期有较大出入，但在课程中学到正念的真正概念与含义后，加上各种课后练习作业的实践，教师们逐渐学会用正念的方式与自我和他人共处。

"刚开始以为是正向心理学的团体课程，后来才知道正念是正在觉察当下的念头，或是觉察自己现在的一个状态，此时此刻的一个状态。"

"我以为正念是把你的观念导正之类的，或是叫你要积极向上，殊不知是要叫你察觉当下，觉得也不错。"

"对于正念的方法我是第一次接触，正念要我们观察自己的情绪、念头或身体状态，可是我之前没有用过这种方式，有时候会有一点疑惑和犹豫，要忍受那个不确定感。到底是自己的问题，还是这是自然的现象？可是这好像又没有一个正不正确或某一个特定的答案。"

2. 阶段二：初试正念，处处惊喜

随着课程的深入，研究者发现在正念课程进行到第四周左右，教师们会开始觉察到过去可能不曾注意过的纷繁复杂的思绪，并经常对正念练习所能带来的丰富经验、细腻感受感到惊讶。教师们除了对于正念概念的理解越来越明了

之外，在正念练习上也开始产生了一些共鸣，实际感受到学习正念的所带来的变化，如"放松、缓和情绪""减少对未来的担心""增加觉察、专注与平静""达到生理的协调""控制力及弹性增加""慢下来生活""发现生命的美好，体会真正的活着""再感知能力增加""以接纳与不批判处理艰难经验""暂缓情绪升起的体验""学到另一种处理压力的方法""更清楚人我关系"等。

"对自己的掌控度会变高，知道自己的情绪或是感觉，比较可以冷静地去判断自己之后的行为，或者是不是要继续这样子的状态。"

"我学习到在环境中，我可以为自己作主，我发现只要情绪来，我好像是被环境所吊着的，环境怎么跑我就被拉着怎么跑，正念的方法对我很好用，因为我可以把被吊着的情绪拉回到意识中，等我看清楚它之后，我就可以对自己说：那现在应该要做些什么，变成说我可以知道现在应该要做什么，而不是刚才发生了什么，环境发生了什么，不再是它拉着我跑，而是我可以做些什么事情，是真正的可以为自己作主。"

"这星期遇到一个难过的事情，就想说没关系啦，就让它难过一下好了。接受自己可以难过的状态，让我觉得很有趣。"

3. 阶段三：正念中，看见另一个我

此阶段为教师参与八周正念减压训练后的整体经验。此时教师开始逐渐体会到生命中的许多困难，原来是被自以为的"自我"所束缚。"自我"包含了长期以来对事、对物固有的想法，对自己惯性的要求，以及对他人不理性的期待。随着正念练习的深入，会发现有"彼我"的存在，只要采用耐心、陪伴及接纳的态度，"彼我"的经验会更加宽广、无可限量。这个阶段，个体通过持续不断的正念技巧练习，在后四周会对正念有更深层的认识与体会。教师们不只在理解层次上能说出正念的操作性定义，还能针对各概念提出属于自己的看法，且在对自己、情绪、他人及生活态度等方面也有个人独特的体会。

"我以前羡慕别人光鲜亮丽、快快乐乐的生活，可是自己的快乐却是要装出来的。现在就会觉得他有他的快乐跟痛苦，而我有我的快乐跟痛苦。就像长辈说的：你又不知道人家的痔疮长在哪？对啊，我现在比较能接受这样的说法。"

"我觉得我是我，而我的情绪是另外一个部分。我可能有某些行为不够好，但不代表我不够好。情绪不好，不代表我不好。以前所有的部分都混合在一起，当对自己产生批判时，对自己的评价也会相对扣分，而当你把这些东西分隔出来的时候，我还是那个完整的我，是那个我喜欢的我。"

"当对自己不批判、不那么严格的时候，相对地，你对别人也不会那么的严格。"

"如果接受了自己的情绪以及采取的行为，那后果也要我自己去负责。今天既然我选择去做了（发脾气），那我就要去收尾巴。"

4. 阶段四：生活中的正念

第四阶段为教师在正念减压训练结束一段时间后研究者的部分访谈，反映了正念在参与者生命中的角色与影响程度。研究结果发现，正式课程结束之后，教师虽然不再密集地进行正式正念练习，但是正念的概念以及所学的正念技巧仍在心中。在教师需要的时候，如同随身有个锦囊，可随时派上用场。特别是部分教师在课程结束后，仍持续努力学习提升自己的正念知识，包括阅读相关书籍、查阅相关的资料或参与相关的讲座等。而在实际体验方面，部分教师除了继续自行练习之外，也有少部分参与者寻求并投入相关的训练课程。

"觉得自己状态不是很好的时候，就会想到有什么可以拿来用。依照不同的状况可以用不同的练习，我觉得这个还不错。好像多很多方法可以解决困难，好像多了很多只手。"

"正念就是当我很焦躁的时候，就像有人拿被子把我包起来，我可以在里面很安静；如果当我很激动的时候，也像有人拿被子把我包起来，我就可以比较平静一点；或是比较烦躁的时候，也像有人在安慰我一样，我就可以镇定下来想事情。"

"在上课的时候，有一个压力在心里，会让我觉得作业就是要做，但没有上课之后反而会更想做耶！不知不觉你就会去挪出那个时间（来练习），好像变成一种习惯。"

三、实验实施

本实验选择30位在职中学教师作为研究对象，实验组在每周六晚上19：00—21：30进行为期8周的线上正念减压课程学习，每次课程都以上一次课程为基础，循序渐进。课程除了少量理论阐述，皆以实际体验、感受分享为主。每周课程结束时会布置相应的课程作业，并在下次课上重点讨论上周的作业体验与困难。8周课程结合了正式练习和非正式练习，引导学员将正念带入生活，学会与压力共处。具体而言，正式练习既可以在引导师带领下进行，也可以是教师在课后任意时段抽出一些时间自行练习。正式练习包括正念呼吸、身体扫描、正念伸展、正念行走、正念静坐等。非正式练习可以融入日常生活的各个方面，包括正念生活、正念聆听、正念养育、正念人际关系等。此外，在课程第六周的周末安排一日作为正念工作坊，旨在帮助参与者培养每时每刻的临在感，对任何体验开放，无论是愉悦的、不愉悦的还是中性的，都可以作为练习正念关注的机会。

四、资料收集与整理

本研究采用定量分析和定性分析深入探讨正念干预对教师职业压力的影响。具体而言，定量数据主要通过标准化问卷的量化指标获得，这些问卷将分别在实验开始前和干预结束后的一周内由教师完成。为了确保所收集数据的可靠性与真实性，事先向教师强调按照其真实体验诚实填写问卷的重要性。

质性资料包括教师编写的正念体验日志、半结构化的个别访谈记录、以及教学活动的录像材料。正念体验日志旨在捕捉参与者在执行正念练习期间的主观体验和感悟。个别访谈旨在获取教师对于正念干预的感受、认知以及干预过程中的个人变化等深层次信息。而教学活动的录像则提供一个观察窗口，允许研究者从行为层面洞察正念干预对教学实践的潜在影响。

这种多层面的研究设计使我们能够从不同角度和层次理解正念干预对教师心理健康与工作表现的影响。定量数据将通过统计软件进行分析，以揭示教师正念干预前后在压力感知、情绪状态、正念水平等方面可能出现的显著变化。定性分析可以为我们提供更丰富的背景信息，以支撑和解释定量结果。

（一）量化工具

1. 中学教师职业压力问卷

中学教师职业压力问卷由陶俊梅在 2006 年时编制，该量表将教师职业压力划分为四个方面共 11 个维度：学校因素（工作负荷、考试压力、工作条件、学校管理与评价、教育现实与教育期待）、社会适应（校园人际关系、师生互动、个体适应性）、个人因素（家庭人际、身心健康状况、自我发展需要）。问卷中 11 个维度的内部一致性信度分别为：学校因素 0.929、社会适应 0.9189、个人因素 0.868。[①] 因此，我们认为中学教师职业压力问卷达到了心理测量学要求，具有良好的适用性。

2. 五因素正念量表

五因素正念量表由贝尔（Baer）等在 2006 年时编制，该量表包含五个方面：观察、描述、有觉知地行动、不判断和不反应，量表共有 39 道题。该量

---

① 陶俊梅：《泸州市中学教师职业压力源研究》，西南大学，硕士学位论文，2006 年，第 39 页。

表采用5级量表,得分越高代表正念水平越高。中文版量表由首都师范大学邓玉琴于2009年修订,问卷5个维度的内部一致性信度分别为:观察0.746、描述0.843、有觉知地行动0.794、不判断0.659和不反应0.448。[①] 因此我们认为五因素正念量表中文版达到了心理测量学要求,具有良好的适用性。

3. 积极和消极情绪量表

积极和消极情绪量表由沃森(Watson)在1988年时编制,采用5点计分方式。黄丽等翻译并修订的中文版量表包含20个描述情绪的词汇,其中10个条目是消极词语,比如"害怕的""沮丧的",另外的10个则是用来测量积极情绪的,如"热情的""受鼓舞的"。该量表的克伦巴赫α系数为0.82,积极和消极情绪的克伦巴赫α系数分别为0.85和0.83,具有良好的内部一致性。[②]

4. 生活满意度量表

生活满意度量表由5个题目组成,其目的是用来测量作为认知评判过程的整体生活满意度。生活满意度是主观评估一个人的实际生活目标与期望生活目标间差距的指标。该量表把对生活满意的程度分为7个等级,从对表述的完全不同意到完全同意,分别用数字1~7表示认同程度,得分越高,表明个体对其生活满意水平越高。中文版生活满意度量表的克伦巴赫α系数0.78,分半信度为0.70,说明该问卷具有较好的内部一致性和同质性。[③]

(二)质性工具

为了获得更多真实的分析资料,研究者设计与收集了多方面的质性资料,包括课程录像、愉悦事件日历表、不愉悦事件日历表、交流困难日志、家庭作业打卡情况表、教师访谈提纲、观察记录表等,如表5.2所示。

表5.2 质性资料种类及收集时间

质性资料种类	收集时间
课程录像	每次课程开始直至结束时间
愉悦/不愉悦事件日历表	课程第二、三周结束后发放
交流困难日志	课程第五周结束后发放

---

① 邓玉琴:《心智觉知训练对大学生心理健康水平的干预效果》,首都师范大学,硕士学位论文,2009年,第25页。

② 黄丽、杨廷忠、季忠民:《正性负性情绪量表的中国人群适用性研究》,《中国心理卫生杂志》2003年第1期,第54-56页。

③ 熊承清、许远理:《生活满意度量表中文版在民众中使用的信度和效度》,《中国健康心理学杂志》2009年第17卷第8期,第948-949页。

续表

质性资料种类	收集时间
观察记录表	每周课程结束时研究者填写

1. 课程录像

课程录像作为实验记录的第一手材料,客观、真实地记录了教学现场以及参与者的学习状况。研究者得以全面观察包括课堂互动、个人分享以及引导策略等多种复杂的课程元素,进而可以精准地进行实验行为的编码和分类。此外,课程录像也方便了对特定事件进行持续回顾,为质性分析中的主题编码、事件序列分析提供了坚实基础,并且允许研究者从时间序列角度探讨教学过程的连续性与变化性。

2. 愉悦/不愉悦事件日历表

参与者每天选择一个愉悦/不愉悦事件作为正念练习的对象,使自身聚焦于当下身体感觉、情绪及思维,并在次周课上分享时,特别关注探讨瞬间体验的平凡性与熟悉性。比如,这些瞬间的哪些特质令人感到愉悦?这些瞬间或事件具有一些什么共同特质?这些正念练习日历表将在正式课程的第二周和第三周作为家庭作业发放,用以了解参与者的练习感受以及问题,这些反馈也可作为研究者进行实验分析的宝贵资料来源。

3. 交流困难日志

参与者被要求将正念深入扩展到存在压力的沟通领域,以此发展出对人际沟通模式的觉察。交流困难日志将于正式课程的第五周作为家庭作业发放,此次作业的布置基于参与者在整个项目中所学到的技能,重点放在培养参与者面对具有挑战性的人际关系时快速恢复的能力。

4. 观察记录表

在本实验的实施过程中,每周课程结束时,承担主持人角色的研究者将活跃课堂气氛,并对于引导师所展现的教学内容以及各位教师参与分享的内容进行适时的记录。此种做法旨在捕捉课程进行过程中产生的即时感受和遭遇的挑战,确保实时性与相关性的最大化。具体而言,这样的记录不仅包含描述性的教学观察结果,而且囊括了对教师反馈和互动过程。此方法促进随后课程的持续改进和优化,使研究团队能够对课程设计进行精细调整,并响应老师们的需求与建议。同时,这些记录将作为研究数据分析的重要组成部分,提供实验周期内连续的过程性证据,从而使研究结果更具说服力。

5. 教师随机访谈

在实验进行过程中,研究者设计了一系列半结构化访谈提纲,旨在深入探究教师在实验过程中的主观体验、个人见解以及在正念练习中所面临的挑战。这些访谈提纲作为引导性工具，帮助研究者捕获细节丰富、情境依赖的数据，并从教师个体的视角出发去理解和解释正念减压实验的影响力。这不仅可以评估正念实践的实际效果，还有助于识别参与者可能遇到的困难或顾虑，从而为后续干预计划提供宝贵的改进意见。此外，访谈结果的分析将采用内容分析法，对教师们的叙述进行编码、分类和归纳，以揭示正念干预在教师职业生活中的应用现状及其潜在价值。这些信息不仅将增强研究结论的丰富性和深度，更有助于指引未来教育心理干预工作策略的制定和实施。

第二节　实验结果

通过对比分析实验组前后的测试数据，发现正念干预对降低教师职业压力水平，提高教师正念水平、情绪平衡能力、幸福感等方面具有非常显著的功效。

一、数据处理与分析

（一）教师人口统计学状况

由表5.3数据可知，被试教师中男教师占6.7%，女教师占93.3%；城市地区教师占86.7%，农村地区教师占13.3%；未婚教师占20.0%，已婚教师占80.0%；从教师的教龄来看，3年以下有13.3%，3～5年有13.3%，6～10年有23.3%，11～20年有13.3%，21～20年有20.0%，30年以上有16.7%；从教师的年龄段来看，25～30岁有26.7%，31～40岁有36.7%，41～50岁有16.7%，50岁以上有20.0%；本科学历占60.0%，研究生学历占40.0%；师范学校毕业教师有66.7%，非师范学校毕业教师有33.3%；具有初级职称教师有43.3%，具有中级职称教师有30.0%，具有高级职称教师有26.7%；全样本中初一、初二、初三、高一、高二、高三教师分别占16.7%、16.7%、20.0%、23.3%、3.3%、10.0%。

表 5.3　教师样本分布（$N=30$）

人口学变量		人数（人）	百分数（%）	人口学变量		人数（人）	百分数（%）
性别	男	2	6.7	地域	城市	26	86.7
	女	28	93.3		农村	4	13.3
年龄	25～30 岁	8	26.7	婚姻	未婚	6	20.0
	31～40 岁	11	36.7		已婚	24	80.0
	41～50 岁	5	16.7	学历	本科	18	60.0
	50 岁以上	6	20.0		研究生	12	40.0
毕业于师范学校	是	20	66.7	职称	初级	13	43.3
	否	10	33.3		中级	9	30.0
教学年级	初一	5	16.7		高级	8	26.7
	初二	5	16.7	教龄	3 年以下	4	13.3
	初三	6	20.0		3～5 年	4	13.3
	高一	7	23.3		6～10 年	7	23.3
	高二	1	3.3		11～20 年	4	13.3
	高三	3	10.0		21～30 年	6	20.0
					30 年以上	5	16.7

（二）正念训练与教师职业压力水平

通过调查研究发现，正念训练与教师职业压力水平具有负相关性。表 5.4 为教师职业压力量表各维度前后测数据配对样本 T 检验结果。其中，教师职业压力量表总分前后测数据存在比较显著性的差异（$p=0.002<0.01$），且后测总分均值（$M=154.23$）明显低于前测总分均值（$M=184.13$），说明经过正念训练可以显著降低教师职业压力水平，尤其在工作负荷、考试压力、管理评价、教育现实、校园人际、师生互动、个体适应、家庭人际、身心健康、自我发展需要十个维度较为明显。

表5.4 中学教师职业压力量表前后测各因子数据结果统计

分量表	前测		后测		t	P
	M	SD	M	SD		
工作负荷	18.00	4.81	15.60	4.81	-2.19	0.037*
考试压力	14.57	4.59	13.47	5.04	-2.59	0.015*
工作条件	14.77	4.67	13.47	5.03	-1.54	0.136
管理评价	18.10	5.07	14.93	5.48	-3.09	0.004**
教育现实	16.03	3.66	13.70	4.58	-2.91	0.007**
校园人际	14.32	4.01	11.54	4.44	-3.01	0.005**
师生互动	19.40	4.85	16.27	5.23	-2.99	0.006**
个体适应	17.86	4.37	14.63	5.35	-3.02	0.005**
家庭人际	15.20	5.49	12.23	5.53	-3.18	0.004**
身心健康	13.13	4.08	10.07	3.95	-4.06	0.000***
自我发展	22.97	6.12	18.83	6.34	-3.35	0.002**
教师职业压力总分	184.13	48.69	154.23	42.43	-3.38	0.002**

注：* 表示在0.05水平显著；** 表示在0.01水平显著；*** 表示在0.001水平显著。

在教师职业压力量表中，身心健康维度上的压力降低最为明显，这与研究者收集的质性调查结果相符。大部分教师都提到随着正念练习的深入，自己更能即时觉察身体的需求以及学会如何更好地照顾自己。譬如，ZXJ老师表示"平常胃一直感觉不舒服，但身体扫描练习扫描到胃部时感觉舒服了很多，并且每次睡前身体扫描让我睡眠质量提高不少。"XJ老师说："练习前因为学校的工作感觉头塞得满满的，练习完感觉人轻松了很多，甚至在呼吸练习时感受到了一种生命的力量。"LLH老师分享说："这周眼睛出了状况，一直不舒服，但医生检查没有问题。所以看手机的时间比较少，多一些时间闭眼休息。有一天中午没睡觉，不舒服程度加重，所以自己想借这个机会来练习与疼痛共存，在颈椎不舒服时进行正念拉伸，感觉疼痛减少了很多，情绪也好了很多。我感觉自己可能控制不了疼痛，但是我能控制自己情绪了。"通过正念练习，个体将注意力转至病痛的原始数据上，并且清晰地认识到认知、情绪等对疼痛感知的不同影响，同时以接纳和善意的态度迎接面对生命每一刻的痛苦感受，接受不愉快的感受，可以显著地减轻痛苦感受。

(三) 正念训练与教师正念水平

通过调查研究发现，正念训练可以显著提升教师的正念水平。表5.5为实验组五因素量表各维度前后测数据配对样本 T 检验结果，其中，五因素量表总分前后测数据存在显著性差异（$p=0.000<0.001$），且后测总分均值（$M=133.87$）显著高于前测总分均值（$M=118.57$）；观察维度前后测数据存在极其显著的差异（$p=0.000<0.001$），后测总分均值（$M=24.97$）显著高于前测总分均值（$M=19.77$）；觉知地行动维度前后测数据存在显著的差异（$p=0.008<0.05$），后测总分均值（$M=29.03$）显著高于前测总分均值（$M=26.73$）；不判断维度前后测数据存在极其显著的差异（$p=0.008<0.05$），后测总分均值（$M=30.53$）显著高于前测总分均值（$M=28.03$）；不行动维度前后测数据存在极其显著的差异（$p=0.001$），后测总分均值（$M=21.33$）显著高于前测总分均值（$M=18.37$）。

表5.5 五因素量表前后测各因子数据结果统计

分量表	前测		后测		t	P
	M	SD	M	SD		
观察	19.77	3.88	24.97	4.70	5.30	0.000***
描述	27.00	4.79	25.67	4.05	1.41	0.170
觉知地行动	26.73	4.73	29.03	4.58	2.85	0.008**
不判断	28.03	4.27	30.53	4.65	2.87	0.008**
不行动	18.37	3.43	21.33	3.56	3.83	0.001***
FFMQ总分	118.57	12.68	133.87	13.37	4.72	0.000***

注：*表示在0.05水平显著；***表示在0.001水平显著。

据表5.5，在正念五因素量表中，观察维度的提升最为显著，这与研究者所收集的质性资料相符。譬如YDH老师分享说："办公室对面是养鸽子住户，上午和下午会放一次鸽子。我自己特别注意了一次，能清楚地听到鸽子翅膀拍打的声音，鸽子会不停的变换队列，感觉它们很快乐。这让我自己也有种向上的感觉，想象自己如果跟在后面会很开心。自己有种愉悦向上的感受。想象它们会有自己的领头，自己的分工，像我们小时候春游一样。后来，有一次我观察它们时我想到鸽子们被禁锢在那个小窝里那么长时间，只有在这个时候它才能放飞。自己心里有点不舒服，有点无奈。同一件事情让我产生了完全不同的想法，让我理解到了许多差异性。"XPH教师说："以前我的身心总是处于分离状态,感觉自己只有在给学生上课时才身心合一。但下课后感觉很累。现在通过正念练习让我在洗衣服时体验到手的柔软,水的轻柔,心情比较平和。"ZXH老师分享时说:"中午我跟女儿一起煮意大利面,她切彩椒,不小心把一片切好的彩椒掉到地上。她很紧张地看着我,我说:'啊,怎样啦?'我在一旁切鸡肉,转头看看她,笑着说:'我什么话都没有说啊!'更正确地说,我当时是一个气儿都没吭。但从她略显害怕的眼神中,我立刻领悟到:原来,我先前对孩子们不小心犯错的惯性直接反应,让她感受到这么大的压力!原来,我的惯性反应里面包含了那么多的不耐烦、否定与责备。也许只是个眼神,也许是将不满往肚里吞的叹息。不论我有没有用言语表达出来,年幼的她都明白我真实的负面感受。我不想说她可怜,也不想过度自责,这会让自己卷入某种需要他人搭救的漩涡,这可能也是另一种更无形的控制。另一方面,我确实也不断调整,努力学习做个好妈妈。正念的学习让我对生活中各种或大或小的事件和情绪的波动有了更清晰的觉察以及带着觉察回应的能力。我学习聆听自己身体的感觉,聆听时时刻刻的起心动念。"

(四)正念训练与教师情绪调节能力

通过调查研究发现,正念训练可以有效提升教师的情绪调节能力。如表5.6所示,通过分析实验组积极和消极情绪量表的数据差值可知,消极情绪量表的前后测数据在统计学上存在极其显著的差异($p = 0.000 < 0.001$),且通过对比总分均值可知,消极情绪的后测总分均值低于前测总分均值3.6分。积极情绪量表的前后测数据在统计学上存在显著的差异($p = 0.036 < 0.05$),积极情绪的后测总分均值高于前测总分均值2.06分,表明通过正念干预训练可以使教师有效地降低消极情绪并使积极情绪得到提升,干预效果显著。

表5.6 积极和消极情绪量表前后测各因子数据结果统计

分量表	前测		后测		t	P
	M	SD	M	SD		
积极情绪	27.97	5.94	30.03	6.75	2.20	0.036*
消极情绪	22.30	6.09	18.70	5.81	-4.46	0.000***

注:*表示在0.05水平显著;***表示在0.001水平显著。

正念训练使个体勇于接纳不同的体验且不做任何判断,以包容和开放的态度直面情感的困境,让个体于生活中面对积极情绪和消极情绪更加泰然处之。从研究者收集的部分质性资料中同样反映了这一点。譬如,ZXC老师在正念葡萄干练习后分享时说到:"在把葡萄干送到嘴里之前,当我手拿着葡萄干并对着光由远及近观察它时,我感觉它非常的珍贵,有点舍不得往嘴里送。感恩自然界有这么好的瓜果食物,也感恩那些种植的人以及送快递的人能送到我手上,感觉自己非常的幸运,有心怀感恩的感觉。"XJ老师说:"我总喜欢看淘宝直播,但每次看完后又很自责。后来觉得看就看嘛,人也需要放松的,选择接纳自己的情绪。到后来却惊奇的发现自己反倒有十多天没看了,心情也不再那么焦虑。就像想把气球压到水里,无论怎么压,球都会反弹上来。"WWQ老师说:"每次早上自己要上班还要送孩子去学校时总是着急上火,忍不住催促孩子甚至发脾气。但是正念让我能及时觉察到自己身体的变化,比如心中逐渐升起一团火,声音开始加大了等等,当我把注意力放到自己的身上时,我的心情逐渐平缓,不会把情绪升到更高的临界点了。"ZXC老师还提及她觉得班级同学从"讨厌"变为"可爱"了。以前自己为了提高学生成绩会每天举办晨考,曾经因为学生的纰漏感到非常烦恼。而现在每天早上,她和学生一起先进行正念时刻,然后学生根据自身的需求做预习或者练习。现在学生的成绩反而进步了,这就好像幸福的影子,不刻意追逐它却跟随而来。

(五) 正念训练与教师生活满意度

通过调查研究发现,正念训练可以有效提高教师的生活满意度。如表5.7所示,通过配对样本 T 检验,实验组前后测分数在统计学上存在比较显著的差异 ($p=0.028<0.05$),且生活满意度后测总分均值 ($M=23.10$) 明显大于生活满意度前测总分均值 ($M=20.67$)。

表5.7 生活满意度量表前后测各因子数据结果统计

分量表	前测		后测		t	P
	M	SD	M	SD		
生活满意度	20.67	5.81	23.10	5.12	2.235	0.028*

注:*表示在0.05水平显著。

研究者所收集的质性资料同样佐证了这一点。譬如,XPH老师分享说:"我的孩子想买玩具,但家人认为是无理取闹,认为我太溺爱孩子。一家人的关系总是很紧张。后来我给他买了玩具,并且很认真的听他说出内心的诉求,他说有了这个我可以给妈妈放歌听,妈妈和我睡前就可以听故事,好舒服的。家里人听后心平气和的交流了很久。我们大人总是以自己的观念带入孩子的想法,而忽视了孩子的声音。"ZXC老师说:"虽然我以前接触过类似课程,但没有落实在生活之中，这次通过正念的练习，才知道原来自己身体一直都在跟自己对话，身体有流动，我以前却浑然不知。现在我开始关注学生想从我身上得到什么，在情感方面对学生身上投入了更多的情感，不再是仅仅把知识灌完就走，我感觉和学生的关系更好了，学生都愿意找我说心里话，感觉自己变成了一个更有温度的人，工作也更加得心应手了。"

二、质性材料分析

在正念练习中，专注于学员关于自身体验的表达、分享、讨论、对话、聆听是至关重要的，这也是课程的核心，我们把它统称为探寻。探寻的过程是一种反思性的练习，是一种需要学习或练习的技能。需要特别说明的是这部分内容我们将如实呈现教师在练习中的实际感受，以下文字是得到练习者的允许之后，根据视频整理得到的。

（一）第一周课程

第一周课程的练习技巧从吃葡萄干练习开始，研究者引导教师们将"物体"（葡萄干）放在手掌，并邀请他们以初学者的态度，通过视觉来关注葡萄干，探索葡萄干的各种特质。然后安排一段静默时间，让教师们自我探索，在他们最终咀嚼并吞咽葡萄干之前，系统地、慢慢地引导他们围绕触觉、听觉、嗅觉和味觉进行。通过葡萄干的练习培养正念的注意力和觉察力。

ZXC老师对日常事物的体会总能给我们带来不少启发，她分享的葡萄干练习经历如下：

当我手中拿起那颗葡萄干时，没有急于将其送入口中，而是先在光线下细细观察。随着葡萄干在光线中由远及近地转动，我感受到了它的每一个细节，每一个皱褶都显得如此珍贵，仿佛每一颗葡萄干都承载着自然界的奇迹和农人的辛勤劳作。这份感觉让我有些舍不得把这颗小小的果实放进嘴里。然而，当我终于决定尝试一口时，最初的味道并非完全甜美。葡萄干入口时带有一点苦涩，但很快，当我用牙齿轻轻咬开它时，那种淡淡的甜味便慢慢释放出来，像是等待被细细品味的佳肴。这一刻，我感觉不仅仅是在享受食物，更多的是在体验一种与自然和谐共处的感觉。感恩大自然赋予我们如此丰富的果实，也感谢那些默默耕耘的农民和将食物从田间送到千家万户的快递员们。正是因为他们的贡献，我们才能在日常生活中享受到这些简单而美好的味道。我觉得自己通过这样一次简单的吃葡萄干的经历，感受到了与食物的连接，更重要的是体会到了感恩和尊重。每一口食物都不再只是满足生理需求，而是成为感受生命、理解生命的一部分。我希望通过分享这些感受，能让更多的人意识到，我们与这个世界上的每一个生命都息息相关，应当心存感激，珍惜我们所拥有的一切。

ZN 老师在一次交流中分享了她的用餐体验：这不仅仅是关于吃，更多的是关于生活中的"在场感"与"觉察"。

在我们忙碌的日常生活中，用餐往往变成了一种机械的行为。平时吃饭时我的注意力很容易被分散——有时是看剧，有时是照看孩子，有时则是观察周围的环境。这些看似寻常的活动，实际上让我们失去了与当下最直接的联系：食物与享受它的经历。真正地将注意力集中到食物本身上来，意味着感受每一口食物的味道、质地和温度，体会食物带来的满足和喜悦。通过这种方式，我们不仅仅是在养生，更是在修心。当我放下手机，关掉电视，让孩子暂时自我玩耍，自己坐在餐桌前，只是静静地、专心地吃一顿饭。这顿饭，我突然发现那些平常没有注意到的味道——是番茄的酸甜？还是胡椒的辛辣？或者是米饭的香软？每一口都可能成为一种新发现，每一次咀嚼都转化为一次对生活的感悟。此外，这种"带着觉察"的用餐方式，不仅让人在吃饭时更加专注，还能帮助我们建立起对生活的深层连接。当我们开始觉察并享受眼前的这一餐，我们也更容易感受到生活中其他美好的细节和瞬间。

身体扫描是课程中第一个正式冥想练习，邀请教师们采取舒适的姿势，仰卧或者坐着，并告知在练习过程中可能会感觉困倦，但这不是身体扫描的目的。教师被引导关注整个身体与其他物体的接触，刚开始注意呼吸的感觉，然后从脚开始，按照身体各个部位的顺序在身体中转移注意力，以探索注意力到达、持续和经过时的感觉。

WWQ 老师分享身体扫描 30 分钟练习感受：

在进行正念身体扫描练习的过程中，刚开始时，我能够相对容易地集中注意力，但随着时间推移，当我的意识逐渐触及通常不会特别注意的身体部位时，我开始感觉到一种不适感。特别是当注意力集中在背部和肩膀这些平日里紧张和负重较多的区域，我感到了明显的不舒适，甚至有些痛感。这种浑身的不适感让我想要立刻停止练习。我感觉自己的身体像是在抗议这种被迫的静态和内省，仿佛它习惯了日常的匆忙而拒绝停下来进行反思。这种难受达到了几乎让我支撑不下去的地步。然而，某个内在的声音告诉我，这正是冥想的一部分——面对和接受身体在此刻传达的所有信息，即使这些信息包括痛苦和不适。于是，我决定坚持下来，尝试呼吸法来缓解这种不适感。我深呼吸，并尽量放松那些感到不适的部位，想象每一次呼吸都带走一些疼痛和紧张。坚持到最后，虽然体验依旧充满挑战，但完成整个过程后我感到了一种前所未有的成就感。更令人惊讶的是，之后的几个小时里，我觉得身体比开始前更加轻松和放松。这种转变让我意识到，正念身体扫描练习不仅是对身体的观察，更是一种通过直面和调整来治愈身心的方式。

YDH 老师分享：

今天盘腿坐进行身体扫描对我来说颇具挑战性。因为在过去，我的冥想大多是在椅子上或躺在床上进行的。刚开始盘腿坐时，我感觉到腿部有些紧张和不自在，但我知道这是身体适应新姿势的一部分。我深吸一口气，慢慢地将注意力从呼吸转移到身体上，从脚开始，逐渐向上至头顶。随着冥想的深入，我开始逐个关注身体的每一个部位，尝试感受那里的任何感觉——无论是温暖、凉爽、紧张还是放松。每当注意到某个部位有紧张或不适，我就会用意识去"触摸"那里，想象着每一次呼吸都能带来新鲜的空气和能量，缓解紧张和不适。当练习结束时，我缓缓地睁开眼睛，感到一种前所未有的轻松和平静。我的身体，特别是之前感觉紧绷的腿部和背部，现在变得异常舒适。这种从内而外的放松感觉，像是经历了一场深层的按摩，让整个身体都焕发了新的活力。这次盘腿坐做身体扫描的经历，不仅改善了我的身体感觉，而且加深了我对正念冥想的理解。我学会了如何通过调整呼吸和集中注意力来影响身体的状态，认识到了身心是如何紧密相连的。更重要的是，这次体验教会了我，在面对压力和不适时，只需要简单地坐下来，闭上眼睛，就能找到内心的宁静和平衡。

（二）第二周课程

第二周的课程主题为认知与创造性回应，学员通过分享九点连线作业的体验，深入了解自己的惯性思维模式。YDH 老师分享：

自己是教数学的，所以对这类游戏挺感兴趣的，但自己画来画去都没画出来。早上和家人分享了一下，儿子没几分钟就做出来了。他画出来的那瞬间，我就感觉，我在我的思路里是永远画不出来的，因为我从来没有想到要把线画出去。儿子说你必须跳出来回看时，你才能突破僵局。我自己觉得很震撼。我自己是很容易被框在框里的人。这九个点就像若有若无、若隐若现的框框一样，我会无意识的就在九个点的框里打转。其实当看到第一笔画出去时，我也会了。我们很多人在生活中很努力地去做事但做不到创新，可能就是传统的思维模式禁锢了自己。我习惯了别人给我画个圈，我就在里面转。我十分不善于自我突破。从这个简单的图里，发现了自己的很多心里活动。也得到了启示，要突破自己给自己的限定。

LLH 老师分享

大脑好多框。我大脑一直有男女品质的框、对学生评价的框。成长过程中母亲教育的影响，给我设置了很多框框。如果没有做到，会有比较多的羞耻感，比较自卑，否定自己。现在我觉察到我不知不觉会对人有很多评判。当班主任时可能会对学生的评判多一些，把评判显示出来。而当任课老师时因为和学生保持一定的距离，反而不会自动化的传递出去，对学生的影响也少一些。

在觉察呼吸练习中，通过带领教师们静坐冥想练习，引导他们如何巧妙的处理有挑战性的身体感觉。让教师们的注意力放在静坐的身体姿势上，并提醒尽可能保持清醒和放松的状态。接着，引导教师们将注意力锚定在所选的身体部位（鼻孔、胸部或腹部）的呼吸感觉上。大约10分钟后，以开放和接纳的态度关注整个身体所呈现的感觉，并探索可能出现的任何强烈的身体感觉。通过学会与挑战性的身体感觉相处，以此减少经验性回避或具有心理压力的感觉。

TL老师发现自己会更多的去感受自己身体的变化，以及自己内心的想法。WWQ老师对自己的情绪有更多的觉察和接纳。

ZCX老师分享：

在生活中追求平静和宁静已经成为我日常的一部分，尤其是当压力开始积累，生活节奏感觉快得让人喘不过气来的时候。最近，我开始实践老师教的"正念身体扫描"练习，这个过程给我带来了深刻的内心体验，我发现自己有时甚至想要沉浸在那种平静中而不愿意出来。开始时，我会躺在一个安静舒适的地方，闭上眼睛，深呼吸，然后从脚趾开始，慢慢地将注意力移动到脚跟、小腿、膝盖直至全身每一个部位。在这个过程中，我尝试去感受每个部位可能存在的紧张感、疼痛或者任何其他的感觉。随着练习的深入，我渐渐进入了一种几乎完全的放松状态。有时候，这种深入的自我探索和放松让我仿佛置身于一个宁静无波的湖面之中，所有的烦恼和压力都被水面下沉淀的沙子吸走了。这种感觉非常美妙，使我不想打破这种平静，不想结束这次冥想，只想沉浸其中。此外，这种深度的放松还带来了意想不到的作用。我的睡眠质量有了显著的改善，之前的失眠问题也得到了缓解。白天时，我发现自己处理问题更加冷静，对周围的环境更加有耐心，对人也更加友好。

XPH老师分享：

快考试的那几天总是让人感到紧张，集中注意力成了一项挑战。在这段时间里，我常常发现自己的思绪漫无边际，很难静下心来。然而，最近我开始尝试正念练习，这对我来说是一种全新的体验，它悄悄地改变了我对生活的态度。正念练习的过程是简单却深刻的。在开始的时候，我只能持续集中注意力几分钟就会分心，但随着持续的练习，我发现自己能够集中注意的时间正在逐渐增长。这不仅仅体现在备课或教学上，生活中的许多其他方面也有所改善。比如阅读时，我能更深入地沉浸在书籍的世界中，不再频繁地检查手机或心神不宁；备课时，我能够一气呵成，完成质量也有了显著提高。更有趣的是，在日常生活中，我开始体验到一种奇妙的"分身感"。每次我走在路上时，似乎有一个另外的"我"在客观地观察着自己的一举一动。这种感觉开始让我有些不习惯，甚至有点不真实。但慢慢的，我意识到这正是正念练习带给我的洞察力——一种从自我之外观察自我、了解自我的能力。这种自我观察不限于行走时。我发现自己无论是在跟朋友交谈，还是在处理工作问题时，都能保持一种观察者的角度，这帮助我更加冷静和客观地看待事物。我认为正念改变了我观察世界和自我的方式。这种内在的平静和集中的能力是任何外部条件都无法给予的。对我来说，这是一次深刻的自我发现之旅，每一步都充满了新的理解和成长。

XJ老师分享：

在繁忙的日常生活中，我们经常会忽视一些慢性的不适，尤其是那些由于长时间坐姿不当或过度使用电子产品引起的身体疼痛。我个人就长期受到颈部酸痛的困扰，这种疼痛有时候甚至会影响到我的工作和睡眠质量。然而，自从我开始实践正念身体扫描练习以来，我惊喜地发现我的脖子部分的酸痛似乎有所减少。每天通过这种方式，我能够逐一将注意力集中到身体的各个部位，从脚趾一直到头顶，途中包括了我的脖子区域。特别是在练习过程中我会注意感受那些通常被我忽略的细微感觉，例如任何紧张、不适或疼痛。比如在进行脖子部分的扫描时，我会缓慢地移动我的注意力到这一区域，尝试放松任何可能的紧张和僵硬。我学会了如何呼吸到疼痛之处，用意识去抚慰那些紧绷的肌肉。我想象着每一次呼吸都像是一波温暖的流水，缓缓流过我的脖颈，带走了累积的压力和疼痛。这种变化并非一夜之间发生的，而是通过持续的练习，我的身体逐渐学会了如何放松和释放那些不必要的紧张。总之，正念身体扫描为我带来了许多意想不到的益处，其中最显著的便是减轻了我的颈部疼痛。这个简单却强大的工具不仅改善了我的物理健康，也增强了我的心理幸福感。我真诚地建议那些同样遭受慢性疼痛或寻求心灵平静的朋友们，尝试这种简单而有效的练习方式。

FYD老师分享：

最近我开始了一段正念练习的旅程，这个过程不仅是一种冥想，更像是一次深入自我的探索。随着练习的深入，我有了一个意外的发现——我似乎一直没有真正好好地对待自己。这个认识让我有些震惊，也启发了我进行更多的自我反思。在日复一日的忙碌中，我总是将工作和他人的需要放在首位，而忽略了自己内心的声音和身体的需求。长期以来，我习惯于接受高强度的工作压力，并把它当作生活的常态。每天，从早忙到晚，几乎没有时间停下来深呼吸，更不用说做一些真正让自己放松和快乐的事情了。通过正念练习，我开始学会放慢脚步，观察自己的呼吸和身体感受。这个过程让我意识到，我已经很长时间没有真正"与自己相处"了。每次闭上眼睛，深入感受自己的存在，我都会感到一种说不出的释然和平静，仿佛找回了久违的自我。更重要的是，正念练习教会了我如何倾听自己的需求。我开始注意到，那些被我忽视的小小不适，其实是身体在向我发出的警告信号。我学会了不再对自己苛责，而是尝试以更加同理和关爱的方式对待自己。比如，当感到疲倦时，我会允许自己短暂休息，而不是强迫自己继续工作；当感到焦虑或压力时，我会花时间进行冥想或散步，而不是让这些负面情绪持续积累。这种改变不仅仅影响了我对自己的态度，也渐渐改善了我的生活质量。我发现，当我开始好好对待自己时，我的心情变得更加积极和愉悦，人际关系也变得更加和谐。我会更加珍惜和享受生活中的每一刻，无论是工作中的成功，还是与家人朋友共度的美好时光。它教会我如何在忙碌和压力中找到平衡，如何真正地照顾和欣赏自己。这个过程虽然不易，但每一步都值得。

(三) 第三周课程

第三次课程主题为活在当下的快乐与力量。HGF 老师分享了上一周愉悦事件：

我的办公室位于一个繁忙的街区，对面恰好是一户养鸽子的住户。每天上午和下午，这家人都会放飞他们的鸽子，这成了我日常生活中一道独特的风景线。有一天，我决定停下手头的工作，仔细观察这些鸽子的飞行。当它们从窝中腾空飞起时，我能清晰地听到鸽子翅膀拍打的声音，在空中回荡着节奏感十足的拍动声。鸽子们在空中不断变换队列，就像是空中的舞者，自由地穿梭在蓝天中。看着它们那轻盈而协调的身姿，我感受到它们飞翔时的快乐和自由，似乎连空气中都弥漫着欢快的氛围。那一刻，我仿佛被这种感觉所感染，心中涌现出一种向上的力量。我想象自己如果能跟在它们后面一同飞翔，定会是一场愉快的冒险。这种想象让我心情大好，仿佛我也成了那自由飞翔的一员，体验着无拘无束的喜悦。同时，我不禁想象这些鸽子之间或许有着类似于我们人类社会的组织和分工——它们中间可能有领头的老鸽，也有新加入还在学习飞行技巧的小鸽。这种场景让我回想起小时候春游的情景，大家欢声笑语，井然有序却又不失童真与快乐。然而，正当我沉浸在这些美好的想象中时，另一个念头突然闯入我的心头。这些鸽子平日里被关在那个狭小的笼子里，只有在规定的时间才能被放飞。我突然意识到它们的自由是如此短暂和有限，这让我感到一阵心痛和无奈。虽然飞翔时它们显得无比快乐，但它们的生活是否也渴望着更多的自由和广阔？这次的观察让我产生了复杂的情感，也让我深刻地理解到事物确实具有多面性。同一群鸽子，在我的心中既是自由的化身，也是囚禁的牺牲品。这样的认识让我更加体会到生活中的多样性和复杂性，每个生命都有其独特的故事和背景，而理解这些差异性，是我们走向更深刻理解世界的重要一步。

LYF 老师在上一周的正念体验中，遇到了一个非常有趣的现象：

当被引导去想一些令自己感到愉悦的事情时，我的脑海中却总是不由自主地浮现出许多不愉快的记忆。这种反差让我开始思考，为何在追求内心的平和与喜悦时，我们往往会不经意地触碰到心灵的阴暗面？对此我有一个相对私人的体验想要分享。每次在教研组会议上发言时，尽管这是一件使我充满激情并且感到自豪的事情，我的心情却总是无比复杂。那种站在同事们面前，分享我对教育或某个专题深入思考的结果时的感觉，是一种难以言喻的紧张与兴奋交织的情绪。我的手会不自觉地颤抖，声音也可能会有轻微的颤动，但内心深处却有一股强大的力量在推动我向前。这种体验让我对"愉悦"这个概念有了很多思考。愉悦并非只有笑容和轻松，它也可以是对挑战的克服，是在压力中寻找成长的机会。每当我在教研组中成功表达我的观点，并得到同事的认可和支持时，那种成就感让所有的紧张和不安都变得值得。从这个角度来看，正念的实践对我来说，不仅仅是关注呼吸或是单纯的放松，它更是一种学习如何接受自身复杂情绪的过程，学习如何在不完美中找到自我价值和成长的空间。通过反复练习，我逐渐学会了在心理上给自己空间，允许那些不愉悦的念头出现，但不被它们所左右。这样，我可以更加客观地分析这些情绪背后的原因，从而更好地掌握自我，推动个人的成长和进步。因此，在未来的正念练习中，我希望能继续探索和挖掘这些内心的层次和复杂性。通过正念的实践，逐步建立起一种更为坚固、更为深刻的内在平静和自我认知。希望每一个像我一样在寻求内心平衡的人，都能在这个过程中找到自己的节奏和答案。

ZXC 老师分享：

正念练习对我来说是一个持续探索和学习的过程。在日常生活中，我尝试将这种练习应用到各个方面，比如洗衣服这样的简单活动。那时，我会特别注意感受手触摸到的每一丝细节——水的温度、衣物的质地以及泡沫的触感。这让我的心情变得异常平和，仿佛所有的烦恼都被那流淌的水带走了。然而，情绪的体验却非常复杂。当愉悦降临时，我往往感受不太明显；反之，在悲伤的时候，每一个细节似乎都变得格外突出，身体的每一个不适都被放大。这种对悲伤的敏感，可能是因为心理上的抗拒或是更深层次的情绪共鸣。在进行正念的练习时，比如交表的过程中，我有时会感到自责，觉得自己没有做到最好。而当我停下来，真正沉浸在那一刻时，又会感到一种难以名状的悲伤，它让时间仿佛流逝得更快。如果是长时间的练习，我发现很难保持专注，思绪总是不由自主地离开当下，转而去关注其他事物。这种经历让我意识到，保持正念需要极大的精力和持续的练习。让我困惑的是，在课堂上，我可以实现身心的完全统一，感受到一种前所未有的集中和活力。但下课后，却常常感到身心俱疲，仿佛所有的能量都已耗尽。这种对比让我产生了疑问：是在身心合一的状态下消耗的能量更多，还是在身心不合一的状态中消耗的能量更多？对此，我开始思考可能的原因。身心合一时，我们可能会更加投入，感觉到一种强烈的"在场"感。这种状态虽然能带给我们极高的效率和满足感，但同时也可能是高能量消耗的。而身心不合一时，虽然看似消耗较少，实际上内心的冲突和焦虑可能导致精神能量的低效使用，从而使我们感到疲惫。我发现正念练习不仅是关于如何面对和处理情绪的问题，更是一个关于如何有效利用自己内在资源的问题。通过持续的正念练习，我希望能找到平衡身心消耗的最佳方式，从而在日常生活中保持最佳状态。

（四）第四周课程

第四次课程的主题为制约作用和认知如何塑造我们的经验。一系列瑜伽伸展练习的目的是让练习者在运动中关注身体及其表现，觉察并与处于运动状态的身体相处。XXQ老师分享了进行正念行走的经历：

这是一个对我来说颇有启发的体验。在一次练习中，我选择了一个静谧的公园作为我的行走场所。阳光透过树叶的缝隙，斑驳陆离地映在小径上。我按照正念行走的步骤，慢慢地移动着脚步，感受着每一次脚掌与地面接触时传来的触感。然而，就在我试图进入一种更加深层的冥想状态时，我突然意识到我的面部表情非常狰狞。这个发现让我有些吃惊。在平常的生活中，我们很少会注意到自己的面部表情，除非是站在镜子前。但在这种放缓了节奏、增强了自我感知的正念练习中，每一个微小的细节都无法逃脱自己的感知。我的眉头紧锁，嘴角紧抿，整个脸部似乎都处在一种高度紧张的状态。这种面部的紧张感引起了我的深思。是否是内心的某种压力或不安在无声地表达出来？我开始回想起最近的工作和生活，思考是否有什么未曾察觉的压力源在影响着我。同时，我也尝试通过调整呼吸来放松面部肌肉，深呼吸几次后，感觉面部的紧张状态有所缓解。通过这次经历，我认识到正念练习能够揭示我们通常不容易察觉的身体状态和心理情绪。面部的每一个微小的肌肉变化都可能是我们内心状态的反映。这样的认识让我更加重视在日常生活中保持对自己身体和情绪状态的观察和调节。

LGJ老师分享：

每天都坚持练习，一周练习下来很舒服。一直椎间盘突出，通过正念伸展练习后感觉舒服了很多。八周课结束后我也要坚持练。

XZC老师分享了他记录的不愉快事件：

最近，我在正念练习中面临了一个挑战。我发现，周围有一个熟人开始吸毒。当这个消息传来时，我的心瞬间抽紧，感觉就像一块石头压在胸口，让我整天都无法放松。这件事情对我产生了很大的影响，因为它触及了我对于健康和人际关系的深层担忧。这种体验让我在这周的正念记录活动中感到很是排斥。我不禁问自己："为什么要记录这些让人不愉快的事情呢？"在记录愉悦事件的时候，我总能保持一种平和的心态，尽管并非感到特别高兴，但至少心情是稳定的。然而，当需要记录那些不快的事件时，我必须在生活中刻意寻找那些负面的瞬间，这让我感到非常不舒服。在反复的思考和内省之后，我开始明白记录这些不愉悦的事情其实是正念练习中的一个重要环节。通过记录和观察这些不愉快的事件，我开始理解自己对某些情境的反应模式，并学会了如何更好地管理自己的情绪反应。这不仅帮助我认识到自己在压力下的真实反应，还促使我寻找改善这些反应的方法。面对熟人吸毒的消息，我逐渐尝试通过正念的方式来处理我的焦虑和不安。我试着静下心来，进行深呼吸，观察自己的身体反应——心脏的急速跳动，胸口的压迫感。我没有试图马上摆脱这些感觉，而是给予自己空间和时间去体验它们。通过这种方式，我学会了接纳自己的感受，而不是逃避或否认。这次经历教会了我，即使是不愉快的事件，也是自我成长和学习的机会。每一次的记录都是对自我了解的深化，每一次的挑战都是提升自我应对能力的机会。正念练习不仅仅是关于体验和记录生活中美好的一面，还包括如何面对和处理生活中的不适和挑战。

YF 老师补充：

正念是一种强大的内在观察工具，它教会我如何以更理智和平衡的方式处理情绪。通过最近的正念实践，我学到了一个关键的经验：当愤怒涌上心头时，完全抑制这种感觉并不是一个可行的选项。事实上，适度地表达愤怒不仅是重要的，有时甚至是必要的，因为它可以帮助我维护个人界限和沟通需求。在我最近教学中，有一次特别经历让我深刻体会到了这一点。那天，由于累积的压力和一些学生在课堂上的不当行为，我的情绪已经达到了临界点。面对这种情况，我的经常做法可能是压抑自己的情绪，尽量保持职业的冷静，或者是用严厉的方式来管理课堂。然而，借助正念的理念和技巧，我选择了一条不同的道路。我停下了教学，诚实地向学生们表达了我的感受："我现在感到非常难过，因而很难继续教学。我现在要停下来，做深呼吸，这样我就能平静下来。"这种直接而真诚的表达不仅释放了我的情绪压力，还给了学生们反思自身行为的机会。我开始缓慢而深长地呼吸，试图将自己从愤怒的边缘拉回到平静的中心。出乎意料的是，当我开始这样做时，我注意到课堂上的氛围也开始发生变化。学生们似乎被我的行为所感染，开始变得安静，他们的注意力重新集中了起来。这一刻，我意识到大多数学生其实并不希望看到他们的老师发怒。当他们意识到自己的行为确实影响到了我的情绪和教学质量时，他们愿意做出改变，停止那些让我感到难过的行为。这次经验教会我几个重要的方法。首先，诚实地表达情绪，而不是简单地压抑，可以为解决问题开辟新的途径。

其次，作为一名教师，向学生展示如何健康地处理情绪，实际上是一种重要的教育本身。通过模范示范，我帮助学生理解每个人都有情绪波动的时刻，关键在于我们如何管理这些情绪。最后，这次经历加深了我对正念的信任。通过观察自己的感受，接纳它们，并找到合适的方式表达和管理，我不仅帮助了自己恢复平衡，还促进了一个更支持性和相互理解的学习环境。

（五）第五周课程

第五次课程的主题是压力事件的关照。XPH老师分享在最近进行身体扫描练习时，体验到的一系列非常独特而深刻的感觉：

当我开始从脚部做起，逐渐向上扫描每一个部位时，我首先注意到脚部的温度逐渐升高。随着我的注意力集中，那里开始出现轻微的麻木感，这让我想起了多年前经历的剖腹产手术，那时我的下半身也有类似的重压感。这种重量感让我的下半身感觉格外沉重，仿佛被锚固在地面上，而我的手却相对轻盈，能够自由移动。继续扫描时，当我的注意力来到喉咙区域，感受截然不同。这里感觉异常清凉，就好像我刚吃了一颗薄荷糖。这种清新、凉爽的感觉仿佛使所有的紧张和不适都被这股凉意洗涤干净。随后，当我将注意力移至头部时，整个体验达到了一个高潮。我的头部以及整个身体感觉到一种明显的温暖。这种温暖并不仅仅是体温的升高，更伴随着一种深层的安心与舒适感，仿佛整个房间的温度都调整到了一个最适合睡眠的状态。这种感觉令人非常放松，我感觉所有的紧张和焦虑都随之消散，取而代之的是一种平和与宁静。

ZXC老师分享：

感觉扫描很细致，从头到脚很清晰，没有睡着。扫描到胸口后意识到自己分神了，胸口抽紧，思绪滑到某个学生经历的伤感的事件中去了，后来正念将我的意识拉回。

导师回应：

胸口抽紧时你已经意识到自己游离了，你已经和自己建立联系了。游离时很多都是想到了对我们比较重要的事情，像沙粒的沉淀，都是大的颗粒先掉下来，然后是小的……

WWQ老师分享：

我在进行正念伸展练习时，勾起了我大学时期的记忆。那时，我热衷于读一本关于《瑜伽与气功》的书籍。那段时间对我来说充满了挑战和变化，正是这本书中所介绍的练习方法，帮助我缓解了压力，带来了内心的平静与安宁。回想起那个时候，每当感到焦虑或困扰时，我就会打开那本书，跟随书中的指导做一些瑜伽或气功的动作。这些练习不仅仅是身体上的拉伸和弯曲，更多的是一种心灵上的触及和释放。通过呼吸和动作的结合，我学会了如何控制自己的情绪，如何让思绪在紧张的学业和生活压力中找到出口和平衡。那段经历对我影响深远。随着时间的推移，我开始将这些方法分享给周围的人。无论是朋友还是家人，当他们遇到压力或者需要放松的时候，我都会教他们一些简单的瑜伽或气功动作。看到这些练习带给他们的好处，我感到非常的满足和幸福。

然而，随着生活节奏的加快，特别是在孩子出生后，我逐渐停止了这些练习。日常生活中的繁忙让我几乎忘记了那些曾经帮助过我的技巧和方法。直到这周，在进行正念伸展的过程中，这些珍贵的记忆突然涌现在我的心头。我突然意识到，尽管我当时并不知道这被称为正念，但我实际上已经在实践它了。这次重温的经历让我深刻地感受到了正念练习的连续性和普遍性。无论是瑜伽、气功还是其他形式的身体练习，核心都在于培养对当下的深刻关注和认知。它们教会我们如何通过调整呼吸和关注身体的感受来达到精神的集中和心灵的平静。重新连接到早年这些的练习，激发了我继续探索和深化正念实践的渴望。我决定重新开始我的瑜伽和气功练习，并将其融入到我的日常生活中。毕竟，这不仅仅是关于身体健康的事情，更是一场精神的旅行，一种回归内心平静的方式。

XPH 老师分享：

正念最初吸引我的原因有几个方面。第一，自从结婚和生孩子以来，我发现自己已经很久没有真正关注过自己了。日常生活中的忙碌使我总是将注意力放在家庭、工作和其他人身上，而忽略了自我关怀与内心的声音。正念提醒我，要想有效地照顾他人，首先需要好好照顾自己。通过练习正念，我开始重新学习如何倾听自己的身体和情绪需求，这对我而言是一种重大的觉醒。第二，我自认为是一个非常有毅力的人。在面对人生的种种挑战时，我总能坚持到底，不轻易放弃。因此，当我决定开始正念练习时，我相信自己能够坚持下去。尽管正念练习需要时间和持续的努力，但我知道这正符合我追求长期目标并实现它们的个性。每天抽出时间进行正念冥想，成为我日常生活的一部分。第三，我的身边同事也受到了我的影响，开始对正念产生兴趣。这不仅增加了团队的凝聚力，同时也为我提供了额外的动力和支持。我们会共同讨论正念的感受和体验，互相分享进步和遇到的难题。在工作中，我们甚至开始实行简短的正念练习，帮助我们在紧张的工作环境中保持冷静和集中注意力。这样的团队氛围让每个人都能感受到支持和被鼓励的感觉，也使得坚持正念练习变得更加容易和愉快。通过最近几周的实践我发现正念不仅仅是关于冥想的静坐，它是一种生活方式，是一种觉察当下、接纳自己的综合性实践。在处理孩子的教育问题、配偶的相处之道、工作中的压力时，我学会了用一种更平和、更有洞察力的眼光来看待这些事情。

（六）第六周课程

第六次课程的主题是正念的沟通与人际关系。LLH 老师在陪护生病的家人的过程中感到很忙、很累，不想去逼自己完成交流，不过她想后面要去做这个练习，感受自己的起心动念。

LGJ 老师分享：

在过去的三到四周里，我与家人之间的沟通遇到了一些障碍，尤其是与妈妈和哥哥。这段时间，妈妈的身体状况不是很好，但她坚决不愿意请钟点工来帮忙，这让家庭的气氛变得有些紧张。更让我感到困扰的是，每当我试图和妈妈谈论这个问题时，她总是选择回避，既不明确表示同意也不直接拒绝，没有实质性的交流产生。最近，我的身体也出现了一些问题。医院的检查显示我严重供血不足，这对我的健康是个大警告。我把检查报告给妈妈看，希望她能理解我的健康状况并给予一些关心。然而，令人失望的是，妈妈的反应并不是我所期待的。她简单地归咎于我学习太累。那一刻，我感到非常委屈和心酸，内心充满了不被理解的感觉，眼泪几乎要掉下来。在分享这些感受时，我竟然笑了出来，可能是因为觉得整个情况有些荒谬。但笑声背后，是深深的无奈和悲哀。我感觉到妈妈并没有真正心疼我，这让我非常难过。这种感觉不仅仅是因为这次事件本身，而是触动了我长期以来的一种情绪——童年时期缺乏母爱的感觉。即使现在已经五十多岁，那种渴望母亲关怀和爱护的情感依然强烈。通过正念的练习，我开始尝试从一个更广阔的视角来观察和理解这些复杂的情感。我学会了如何静下心来，观察自己的感受而不立即做出反应。在冥想中，我试图接纳自己的情绪，无论是悲伤、失望还是孤独，都尽量以一种平和的态度去面对它们。尽管我不能改变他人的行为或反应，但我们可以控制自己对这些行为的回应。我试着理解妈妈的立场和她的行为方式，可能她自己也有她的难处和压力。这种理解使我逐渐释放了对她的一些期待，减轻了内心的负担。虽然分享后心情依旧有些沉重，但这个过程让我更加清楚地认识到自己内心的需求，并且激励我去寻找更多的解决方式和平衡点。

BH 老师分享：

我发现我最近很喜欢看淘宝直播，每次浏览完之后，我总会感到一阵强烈的自责，仿佛我在浪费时间，没有控制好自己的行为。这种内疚感让我困扰不小。然而，在正念的练习中，我逐渐学会了接纳自己的行为和情绪，而不是简单地对它们进行判断。我开始意识到，其实每个人都需要某种形式的放松，无论是看电视、读书还是浏览社交媒体。于是，我对自己说："看就看吧，人也需要放松嘛！"当我开始接纳自己的这一需求，不再对此感到负罪或羞愧时，一个有趣的现象发生了——我竟然自然而然地减少了看淘宝直播的频率。到现在已经有十多天没有看了。这让我想到一个比喻，就像把气球压到水下，不管你怎么压，它最终都会反弹到水面上来。当我停止强迫自己不去做某件事时，我的内心反而更加平静，不再有那么强烈的冲动去做那件事。通过这些体验，我逐渐认识到，正念的实践并不仅仅是关于控制自己的行为，更重要的是学会了解和接纳自己的真实感受。正念还教会我，每个人都有各种需求和欲望，重要的是如何平衡这些需求，并以一种健康的方式来满足它们。正念也提醒我，放松和娱乐是生活的重要组成部分，它们为我们的生活带来色彩和活力。通过接纳自己的需要而不是抗拒，我发现自己能够更自然地管理自己的时间和活动，而不是让罪恶感或强迫感主导自己的生活。

ZN 老师分享：

和许多新手教师一样，我的第一年教学生涯充满了挑战和困惑。我发现自己很难掌握如何引导学生专心听课、遵从指示并表现良好的技巧。刚开始，我抱着一个简单的信念：如果我对学生们足够好，他们就会喜欢我，并且为了让我开心，他们会自觉地做我期望他们做的事情。然而，现实往往与理想有着巨大的差距。尽管我尽力展现出友好和支持的态度，我的学生们往往行为任性，似乎完全忽视了我的存在和努力。这种情况日复一日地发生，逐渐累积成沉重的负担，使我感到极度挫败和不耐烦。每当学生不听话，不按我设定的规则行事时，我就会感到情绪失控，有时甚至会在课堂上发怒。这种方式显然不是解决问题的正确方法。我的愤怒并没有使情况得到改善，反而可能加剧了学生的反抗行为，造成了师生之间更多的误解和隔阂。在这一过程中，我意识到需要改变策略，需要找到更有效的沟通和管理方法。最近我通过定期的正念练习学会了在情绪激动时先深呼吸，然后平静地处理眼前的问题。这种方法帮助我开始从一个更客观的角度分析学生的行为，而不是仅仅从自己的失望和挫败感出发。逐渐地，我也开始将正念的原则运用到课堂管理中。例如，当学生表现出不专心或不遵守规则的行为时，我尝试去理解背后的原因，而不是直接斥责。我开始更多地与学生进行一对一的交流，努力了解他们的需求和困扰，同时也清晰地表达我对他们的期待。这种转变并非一蹴而就，但随着时间的推移，我和学生们之间的关系确实开始改善。学生们感受到了我的关心和尊重，也更愿意积极回应我的教学。课堂上的气氛逐渐变得更加融洽、和谐，我的教学也因此变得更加有效和愉快。

通过这段经历，我深刻体会到作为教师，除了专业知识和教学技能外，如何管理自己的情绪和建立有效的师生关系同样重要。正念不仅帮助我提高了个人的情绪管理能力，也为我提供了一种更富同理心的教育方法，使我能更好地理解和支持我的学生。现在，回顾起那些充满挑战的日子，我感到非常感激。正是这些经历促使我寻找并实践了正念，不仅改变了我的教学方式，而且丰富了我的个人生活。这证明了，在面对困难和压力时，选择一个健康的方式来应对，可以带来意想不到的正面改变。

TL 老师分享：

在我的工作环境中，我经常感到自己的界限被忽视。当我尝试拒绝额外的任务时，我的同事和上司似乎总是认为这是一种客套话，而不是真正的拒绝。因此，即使明确表达了我的意愿，工作最终还是会被分配到我的桌上。这让我感觉与人的交流变得毫无意义，仿佛我的声音和边界都不被尊重。这种情况导致了我近期频繁地加班，有时甚至要工作到十二点多。最近我也越来越能清晰地感受到身体的疲惫和力不从心。每当半夜，胸口便开始感到一种闷闷的压迫感，仿佛每一次呼吸都变得异常沉重。我想这种生理反应是我的身体在告诉我：它已经到了极限。在这段艰难的时期，我还患上了感冒，整个人仿佛被疾病和压力压垮。我感觉自己像一个即将爆炸的火山，周围的人都不能接近我，因为我不知道自己何时会因压力过大而失控。这种状态让我感到非常孤立和无助。然而，在这段艰难的时光中，正念练习成了我的救赎。当我注意到自己的健康和情绪状态出现问题时，我开始更加频繁地进行冥想和深呼吸练习。每当感到压力山大时，我就会闭上眼睛，专注于呼吸，让每一次吸气都深入到那些疼痛和紧张的区域。这帮助我缓解了身体的不适，并逐渐恢复了精神上的平静。随着身体状况的逐步改善，我的情绪也开始好转。这个过程让我意识到，尽管外部环境可能无法立即改变，但通过调整自己的内在状态，我可以更好地应对压力和挑战。

（七）第七周课程

第七次课的主题是正念全面融入生活。WQQ 老师有一个很好的经验，即在她走路上班或等地铁时可以不看手机，而是正念呼吸，这样不用专门花时间来练习。当睡前很累，不必刻意练习完整的正念伸展，而是选择其中一个动作练习。

LLH 老师分享：

最近一周我的眼睛一直感到不舒服。尽管医生的检查结果显示一切正常，但不适感依旧困扰着我。这种状况迫使我减少看手机的时间，给了我更多机会闭眼休息，也让我有时间深入思考和体验正念在处理身体不适中的作用。特别是有一天中午，我没有睡觉，眼睛的不舒服程度似乎加重了。我决定借此机会练习如何与疼痛共存，以及在颈椎不适时进行正念拉伸。通过这些练习，我发现疼痛感减轻了很多，我的情绪也随之好转。这让我意识到，虽然我可能无法完全控制身体上的疼痛，但我完全可以通过调整自己的心态来控制对疼痛的反应，进而影响我的整体感受。作为一名心理学老师，我一直致力于将心理健康的知识和技能传授给我的学生。最近一个月，我开始引导高三的学生进行每天五分钟的正念静心练习。这个简短的练习包括深呼吸、放松身体的各个部分以及观察自己的思想而不做出评判。这项练习收到了非常积极的反馈。有十位同学向我反映，他们在日常生活中也会想起并实践这种静心练习。他们报告说，这种练习让他们感觉更放松、更宁静。这样的反馈对我而言非常鼓舞人心，因为它表明正念的实践不仅限于缓解身体的疼痛，还有效地促进了精神上的健康和平静。通过这些体验，我越来越相信正念的力量。无论是应对身体的不适，还是面对生活中的压力，正念都提供了一个有效的工具来增强我们的抵抗力和恢复力。正念不仅帮助我个人克服了眼部的不适和相关的情绪波动，还成为我教学工作的重要组成部分。我希望继续探索和分享这一领域，帮助更多的人认识到，通过培养对当下的觉知，我们可以更好地管理生活中遇到的各种挑战，并从中发现成长和转化的机会。

在YDH老师遇到心脏憋闷的感觉时，采取婴儿怀抱自己的姿势，感觉好了很多。此外，YDH老师提到自己近半年来耳鸣，虽然自己对不愉悦的感受接纳性提高了，但是有没有方法真的能减缓呢？

导师回应：

我们可能因为耳鸣而再次造成更重的心理压力，虽然我们不能减少疼痛，但我们能通过正念改善我们生命的状态（心理）。科学证实70%的疾病是身心交互的原因。比如癌症，我们治不了癌症，但患者能睡着重要嘛？患者焦虑情绪对病情的影响重要嘛？都很重要，所以正念作为癌症治疗的重要手段。

FYD老师补充说：

我觉得正念提高了关于自我情绪和注意力控制的能力，我会开始察觉到课堂氛围的细微变化。即使是那些以前让我火大的问题，现在我也能更好地控制自己的情绪，客观地看待问题。随着我处理情绪的能力增强，我和学生的关系也变得更亲密，这让我能更好地应对教学中可能出现的混乱和复杂情况。特别是当学生们感觉到被信任时，他们更愿意尝试和探索未知，我认为这是学习的一个重要基础。

CGH老师分享：

在现代社会的快节奏生活中，我们每天醒来面对的第一件事往往是一串未完的任务。我自己的经历也不例外。以前，我习惯早上一睁眼就直接拿起手机，查看邮件和日程，试图从中寻找一种控制感。然而，这样做往往只会让我感到焦虑和压力倍增，因为屏幕上映出的是无休止的任务和责任。随着时间的推移，我开始意识到这种方式并不是启动一天的最佳策略。现在，当我把早晨的第一刻时间用于正念练习，如深呼吸、身体扫描或静坐冥想时，整个一天的质量都有了显著的改善。我会花大约15～20分钟来进行这些练习，这段时间成为了我日常生活中非常宝贵的一部分。通过正念练习,我学会了如何通过调整呼吸来减少晨起时的紧张感。身体扫描帮助我意识到身体各部分的感觉,从头顶到脚尖,每一个小动作都带给我新的觉察和放松。这种从内而外的平静给我的一天设定了一个平和的基调,使我能够更集中精力,更有条理地处理那些不可避免的任务和挑战。此外,这样做还有一个不可忽视的好处,它提醒我重视当前的瞬间,而不是总是被未来的计划和未完成的任务所困扰。这种"活在当下"的态度改变了我对时间的感受——我开始认识到,每天的开始都是新的机会,值得我以最好的状态去迎接。当然,有时候紧急的电子邮件或突如其来的电话会打断我的早晨静修时间。但我逐渐学会了如何在这些干扰面前保持正念,甚至在一天中找到其他时间来补做练习,以确保我保持内心的平衡和清晰。

DHY 老师分享:

当我第一次接触正念练习时,我的内心是平静的,甚至有些怀疑这种练习能带来什么实质性的改变。起初,我觉得自己过得还算顺利,生活中似乎没有太多让我感到不愉快的事件。然而,随着我开始更加专注于自身的情绪和周围环境,我意识到事实并非如此。在深入练习正念之后,我注意到那些原本看似微不足道的不快开始浮现。比如在工作中,尽管表面上看似一切正常,但细微之处依然存在摩擦。特别是在教学过程中,我发现自己对学生私下交谈的反应比预想的要强烈。课程时间紧张,每当我试图抓紧每一分钟传授知识时,背景中那些窃窃私语就显得尤为刺耳。我感到一阵急躁冲上心头,内心仿佛被压抑的火山,随时可能爆发。我努力克制自己,避免情绪爆发,但这种压抑让我感到头部胀痛,左肩和胸口仿佛被重物压迫。幸好,由于持续的正念练习,我能更清晰地感受到这些情绪的起伏。愤怒就像周围嗡嗡作响的苍蝇,虽然讨厌但并不致命。通过深呼吸和观察自己的反应,我逐渐学会了从另一个角度看待问题。我开始理解学生可能只是因为厌倦或缺乏兴趣而分心,并非针对我个人。这种理解让我感受到一种从未有过的慈悲心——对学生的宽容和理解。随着时间的推移,我发现自己在记录这些小事件时不再感到愤怒。每天坚持进行正念练习,无论是观察呼吸还是审视内心的流动,都大大提升了我的情绪管理能力和自我认知。这种练习不仅让我在繁忙和压力之中找到了内心的平静,而且帮助我建立了与他人的更和谐的关系。正念练习已成为我日常生活中不可或缺的一部分,它使我能以更加开放和平衡的心态面对生活的挑战和不确定性。

(八)第八周课程

正念练习不仅仅是一种冥想技巧,更是一种生活态度,它教会我们如何在忙碌和复杂的现代生活中寻找和保持内心的平和。这种平和来自于对生活的深刻理解和对多样性的欣赏，让我们即使在面对困难和挑战时，也能保持一颗平静和开放的心态。在最后一次课"正念的新人生"中，XH老师分享说：

  在我接触并学习正念之后，我的教育方式和对学生行为的理解发生了显著变化。我开始意识到，对许多学生来说，在一个充斥着同龄人的教室里度过整天可能是一种压力。他们不仅要处理学习上的挑战，还要应对同辈间的社交互动，这无疑增加了日常生活的紧张和疲劳。反思自己的教学实践，我决定创造一个可以让学生们暂时逃离这种环境压力的空间——一个称为"安静角落"的地方。这个想法源于正念中提倡的自我关怀和环境的重要性，即给予个体在需要时找到内心平静的机会。"安静角落"位于教室的一角，远离喧嚣。我邀请学生们参与到这个角落的设计和装饰中，使其成为一个真正属于他们的、能引起共鸣的舒缓空间。学生们带来了代表宁静与美好的各种图片——波光粼粼的海洋、绚烂的花朵、壮观的山脉以及温馨的家庭场景。这些元素结合在一起，构成了一个充满平和与愉悦的小天地。这个"宁静之地"不仅仅是一个物理空间，更像是一片心灵的净土。学生们在这里找到了一个可以暂时摆脱外界压力、静心休息的避风港。从学生们的反馈中，我得知这个"安静角落"给他们带来了很大的帮助。他们报告说，在那里度过的几分钟极大地帮助他们恢复了精神，改善了情绪。甚至有些学生开始展示出更好的社交互动和学习效率，因为他们知道自己有一个可以重新充电和平衡的地方。这个简单的设立也影响了我作为教师的教学哲学。我开始更加重视学生的情绪和心理健康，认识到正念和环境对于学生整体福祉的重要性。

WWF老师分享说：

  作为一个工作繁忙的母亲，每天早晨都是一场挑战。我需要准备自己上班的同时，还得确保孩子及时到校。这种日常的压力很容易让人感到焦虑和急躁，我发现自己经常在不知不觉中催促孩子，甚至有时候会发脾气。这种情绪的爆发不仅影响了我和孩子之间的关系，也让早晨的氛围变得紧张。然而，自从我开始实践正念之后，我注意到这种模式可以被改变。正念训练帮助我增强了对自身情绪和身体反应的觉察。例如，在压力情境下，我能够察觉到自己心中那逐渐升起的怒火，以及声音无意识地提高的情况。我认为这种自我觉察的出现是非常宝贵的，因为它为我提供了调整情绪反应的机会。在实践中，当我开始感觉到焦虑或怒火上升时，我会深呼吸，将注意力集中在自己的呼吸上。我试图感受每一次呼吸带来的身体变化，如胸部的起伏，空气流过鼻腔的感觉。这种简单的转移注意力的行为，奇迹般地帮助我平复了急躁的情绪，使我能够更加冷静和耐心地处理与孩子的互动。通过这样的练习，不仅改善了我和孩子之间的相处方式，也让整个家庭的氛围变得更加和谐。孩子们能感受到这种变化，他们开始以更积极的态度回应我的指导，整个早上的流程也因此变得更加顺畅。我觉得正念带给我的不仅是心灵的平静,更是与家人之间关系的和谐与美好。

YDH 老师分享:

在生活中,我们常常会遇到各种焦虑和压力。无论是工作上的紧张节奏,还是家庭中的日常琐事,这些压力都能迅速使我感到不安和焦虑。然而,正念冥想教会我如何有效地应对这些挑战,给了我一种新的自我认知与情绪管理的工具。焦灼和压力是不可避免的,但它们的处理方式可以选择。在经历了无数次的焦虑之后,我学会了在这些时刻停下来——给自己"一个允许"。这意味着承认和接受自己的情绪状态,而不是试图逃避或否认。记得有一个佛教的比喻说,当我们被生命中的第一支箭射中时,是不可避免的痛苦;但如果我们因此自责、焦虑则是向自己射出了第二支箭。正念帮助我意识到,通过停下来,我实际上是在阻止那第二支箭的射击。这不仅减少了额外的痛苦,更使我有机会以更加平和理智的方式去处理原始的问题。现在我会时常提醒自己,"磨刀不误砍柴工",在忙碌和压力之中找到暂停的价值。在我们的文化中,常常被教导要不断推动自己,不断实现更高的目标。然而,这种不断的推动有时会导致我们过度批评自己,特别是当事情没有按预期发展时。正念冥想教我接纳自己的不完美,理解自己也需要关怀和理解。

ZLZ 老师分享:

在每天的教学生活中,午休时间是我一天中极为宝贵的时刻,但很长一段时间里,我并未真正利用这短暂的片刻来休息和充电。之前,我经常将这半小时的午餐时间花在办公桌前补课或处理工作,结果就是虽然身体坐着,心理却从未得到休息。随着时间的推移,这种习惯让我感到日益疲惫,午后的授课质量也受到了影响。意识到这一点之后,我开始寻求改变。我决定为自己培养一个新的午餐习惯,尽可能地让这个短暂的休息时间成为一天中的一个小型充电站。当天气晴朗时,我会带着准备好的午餐去附近的公园。在那里,我找到一张野餐长凳坐下,将手机调至静音模式,把所有的注意力都放在眼前的食物上。在这样的环境中,我开始实践正念进食。这意味着每一口食物,我都尽力去感受它的味道、质地和温度,而不是机械地咀嚼和吞咽。这种专注于当前的行为不仅让我真正品味到食物的美味,也让我与周围的自然环境建立了一种联系。树叶的沙沙声、微风的轻抚以及远处孩子们的欢笑声,都让我感受到一种从未有过的放松和平静。此外,我开始投入更多精力到午餐的准备中。选择新鲜的食材,尝试不同的健康食谱,这不仅让我的饮食变得更加丰富多彩,还让我对每天的午餐时光充满期待。这种改变使得午休成为我一天中的高光时刻,我开始珍惜这段独处的时间,用它来恢复精力、整理思绪。这种新的午休方式也显著提高了我午后的授课质量。我发现自己不再需要依赖咖啡来保持清醒,精神状态整体得到了提升。更重要的是，由于下午能够保持良好的精力状态，我晚上回家后不再感到筋疲力尽，这也直接改善了我的睡眠质量。通过这些简单但深刻的改变，我体会到了正念带来的种种好处。它不仅关乎身体健康，更是一种生活态度的转变。我们往往忽视了生活中小小的片刻，而正念教会我们，即便是简短的午休时光，也藏着恢复活力、重拾内心平静的可能。现在，我更加珍视每一刻的存在，学会了在繁忙的教学生活中寻找和创造属于自己的小确幸。

XPH 老师分享：

喜欢静坐里的呼吸，当自己遇到一些事情不能冷静下来时，我可以把自己与不愉快的情绪隔离开来，感觉自己有一面镜子来照亮真实的自己。透过镜子，我看到自己之前的表情、情绪并不是我自己想象的样子，我以为自己是一个很温柔的人，后来通过正念发现了自己的多面性。我的崽崽想买玩具但家人认为是无理取闹，认为我太溺爱孩子。一家人的关系总是很紧张。后来我给他买了，并且很认真地听他说出内心的诉求，他说有了这个我可以给妈妈放歌，妈妈和我睡前就可以听故事，好舒服的。家里人听后心平气和的交流了很久。我们大人总是以自己的观念带入孩子的想法，我们要认真倾听孩子的声音。我也开始关注学生想从我身上得到什么，对学生投入更多的情感，不再是仅仅把知识灌完就走，我感觉和学生的关系更好了，自己变成了一个更有温度的人。

ZY 老师分享：

当我开始练习正念时，我发现我会更留意那些学习成绩一般的学生了。我觉察到自己有时候会对成绩好的学生表扬得太多，而忽视了孩子们在其他方面的努力。

有一次，我看到一个安静的女孩课后在教室里捡纸片清理垃圾。她学习成绩不算突出，但我开始意识到，她经常这么做。于是我特意走过去表扬她："你真的帮了大忙，保持教室整洁，我非常感谢你！"从那以后，我也注意到其他孩子也开始帮她一起打扫教室了。

HHY 老师分享：

我想跟大家分享一下，我是怎么通过关怀练习帮自己和孩子一起克服恐惧的。以前，每次看到女儿的不及格成绩，我都会很生气，甚至对她有点不友好。但自从我开始学习正念之后，我就尝试用正念关怀来处理这种反应。通过练习，我发现自己的恐惧感在慢慢减轻。我意识到自己其实是在担心女儿，我的愤怒只是担心的一种表达方式，并不是真的针对她。明白了这点之后，我对女儿的关心和善意就更自然流露了。我们俩一起制定了一个提高成绩的计划，效果还挺好的。

CF 老师分享：

我觉得正念让我在教学中拥有了更多积极主动的心态。我们班有一个学生一直很难集中精力学习。我没有立即重新引导她，而是开始花几分钟时间观察她分心的行为。我发现她有一种在座位上做作业时打扰其他同学、扰乱课堂的倾向，但我知道她并不是想给我的工作带来麻烦。她只是很难集中注意力和管理自己的情绪而已。

YDH 老师在分享自己的学习体验时透露出混合着放松和烦恼的复杂情绪。这些体会非常真实，相信很多人在学习或参加培训时都能找到共鸣。

在参加这次一系列的正念在线课程时，我发现自己对不同的教学方式反应迥异。有时候，当我刚开始听课，身体和心理都处于放松状态，甚至没听上多少内容就轻轻松松进入梦乡了。那种睡眠通常很香甜，醒来后感觉精神焕发，这种无意中的小憩给予了我极大的舒适感。但奇怪的是，虽然错过了部分内容，我并没有感到太多遗憾，反而因为这段休息感到精力更加充沛。然而，并不是所有的课堂体验都这样令人满意。有些时候，当老师在引导语中滔滔不绝时，我会开始感到有些烦躁。那种冗长的开场白似乎在消磨我的耐心，我常常在心里嘀咕："怎么还没进入正题啊？"这时，学习变得不再是放松和享受的过程，而是一种需要耐心和毅力的挑战。尽管如此，但课程中的一些机制，比如打卡模式，却很好地激励了我。每当完成一项打卡任务，我就像回到了学生时代，变回了那个渴望表现出色的"好学生"。这种模式帮我保持了学习的连贯性，即使在忙碌或疲惫的日子里，我也会坚持抽时间完成每天的学习任务。完成这些任务后，不仅带来了成就感，还让我感受到了学习带来的充实和乐趣。总的来说，这段学习经历让我认识到，学习不仅仅是获取知识的过程，它也是一个充满情感与个人成长的旅程。每个人的学习方式和节奏不尽相同，关键在于找到适合自己的学习路径，让学习变成一种享受，而不是负担。在这个过程中，无论是甜美的小憩还是偶尔的烦恼，都是这段旅程不可或缺的一部分。通过调整态度和方法，我们可以使任何学习成为一种更加愉快和有益的活动。

（九）教师正念日志与分享

在学生生活中播种正念的种子
——正念教育实践分享

首先很高兴能有机会参加这个八周正念减压的教师专场活动，并且很幸运能有机缘进行这一次"正念教育与教师压力"线上论坛的分享。当我看到分享名单中的那些介绍，感觉到老师们都那么有经验的时候，心里很忐忑。担心自己的分享不够好，经验不够多，会影响到会议的质量，但是我还是很珍惜这个机会。自我觉察一下，我只要做真实的表达就好，讲得好不好，也没有多大关系，也是自己锻炼成长的机会。现在我就将我从我自己的改变和我在教育教学实践中的有关正念的一些想法和做法分享给大家。此刻还是有点儿班门弄斧的感觉。

虽然我是正念学习路上的"小白"，却是一名中学班主任工作的"老手"。近些年，我越来越感觉到学生的浮躁、家长的浮躁、老师的浮躁乃至社会的浮躁状态对教育教学的巨大冲击，学生、老师、家长情绪的交互影响力之巨大。这也是促使我不断地探索学习心理学的一个动力吧。接触到正念以后，自身感觉到正念对我自己的帮助。首先它让我自己变得不那么焦虑，能够在遇到一些棘手的事情时候比较淡定，平和；在经历一些情绪波动以后也有一个回观的意识，许多时候有点事后诸葛亮的感觉。但是渐渐地就养成了一个习惯就是当事情发生的时候。不急着把情绪抛出去，不急着去行动、去实施，而是静一下，给自己一个停顿的时间。慢慢的，感觉自己不那么焦虑了；爱着急的脾气似乎也不那么突出了。正念在悄悄地改变我的惯性模式，改变我的思考方式，使我的身心能够较快地从压力与疲惫中复原，更帮助我聆听到自己内心的声音。我相信了，当心神安定下来的时候，内在的智慧才会升起。

当我自己感受到正念带给我的好处时，我就不自觉地想要在教学教育中尝试，也希望能够给到学生帮助。我在课前静心、考前减压鼓劲、考后安抚，班级排座，学生个别焦虑，学生间冲突处理等几个方面都有所尝试。在毕业班的教学工作中，我们学生会有许多时候因为同学间的交往、学习的压力、成绩的压力等原因引起情绪烦躁失落的问题，尤其在大考前后特别的突出。所以我就会在大考前带领学生做一下减压的冥想，引导他们先感受到自己的身体状态，再把注意力放到呼吸上，然后从头到脚的放松，然后给他们积极的暗示语言，让他们给自己一个肯定，看到自己的那份辛苦和努力，给自己一个拥抱和陪伴，相信自己，想象自己在考场上的得心应手等等。这样做以后，我能感受到学生的那个表情和状态是放松下来的。我希望他们带着一份自信和淡定平和的心态去进入考场。学生们也很配合，每次考前也很期待取得好成绩。

用于处理学生间的纠纷时，当学生打架争吵，我会让他们分别说明过程，谈动手时当时怎么想的？然后让两个人分开静静，反思在什么时候被激愤的？具体到哪句话或动作让你觉得怎么了？再拢在一起谈都是怎么想的？同学纠纷常常让我想起正念中的街道上偶遇熟人的情景剧，冲突往往是情绪或事件和念头想法的内在解释与个体反应交互影响的结果。这也是心理学 ABC 认知理论给我的启示。

还有我会指导学生在考试中遇到难题时，放下笔，喝口水，调整一下坐姿，做几个深呼吸，看到当下着急的自己，再重新开始继续思考，或干脆先去做另一个题。学生考试失利的时候，会有个别的学生特别焦虑，或者是个别的家长反映孩子中考前焦虑得学不下去，在家里转圈儿这样的情况。我就讲给他们正念的一些知识，指导他们每天早晨和晚上用5～10分钟的时间自己做放松训练，让自己每天有一个好的状态，开启一天的生活，晚上睡觉之前回顾一下一整天的学习生活，肯定一下自己，给自己一个放松。

还有就是上课之前。根据学生的状态有时我也会不定时的引导他们一起完成5分钟之内的一个简短的放松练习，帮助静心并把注意力专注到课堂上。尤其是当学生课前浮躁、混乱涣散时，用3分钟观呼吸观身体，注意力集中，静心，就像等着让一杯水沉淀一下，效果也不错。

让我感觉很开心的一次活动，是在初三的下学期的一次开学，例行公事进行排座。在排座之前呢，我就突发奇想，我说，我们大家先闭上眼睛跟着我的引导静一静，跟自己的内在连接一下，看看我们自己内心真实的想法是什么，问问自己，新的学期了，这次排座你希望坐在哪个位置上，是靠前一点儿，靠后一点儿；还有你的前后左右，希望坐的是哪一个同学、你可以自己在心里确认一下。然后，我们带了他们几分钟的冥想，之后进行用扑克牌抽签儿选座儿的方法进行的座位调整。调整以后，我惊奇的发现，许多同学坐在了他们自己特别喜欢的位置上，而我也是觉得从纪律到互助，整体上是比较协调满意的一次调座。经过这一次，更增加了我的信心。我就时不时的在班会和各种活动之前或之后，让同学们进行几分钟的简短的静心冥想，带领他们回归到自己的内在。这样班里的整体的状态稳定，工作开展就变得更顺畅。

另一方面，我们知道情绪是可以传染的。每个人是一个能量团，内在的状态会通过肢体语言无意识散发出去，影响到周围人。毕业班老师的焦虑压力在无意识中会传递给学生，老师的状态影响到学生的状态。当我们看到班里乱作一团时，老师有意识地先呼吸，觉知自己的内在发生了什么，有没有急躁、愤怒，甚至控制不住自己的情绪，快速关照一下自己，再组织教学。这样的暂停于学生、于自己的身体都很有好处。

这学期的期中考试刚刚过去，面对特别差的考试成绩，我很愤怒。当我拿着卷子冲进教室，站在讲台上时，我意识到自己完全在情绪的裹挟里，于是自己做个深呼吸，停顿一下，没急着说话，让学生自己先改半节课卷子，看看有多少是不用讲就可以解决的，其实学生已经意识到我的怒火，都不做声。等自己也慢慢冷静下来，看着学生们怯怯的状态，我体谅到学生，才开始用平和的口气方式讲课说话。平和的心境下才有可能看到相对的真相。

做老师看似简单有时是艰难的。工作需要艺术与智慧，时时处处有学问。我感觉在教学过程中，比激情更重要的是平和。老师首先要让正念帮助自己调整好状态，再以正念的状态引导帮助到学生。

我相信老师的正念修习无论对自己还是对工作都大有裨益。老师自身具备的正知、正念、正思维才能给到学生。正念在中小学教育教学中的推广会产生巨大的影响力。我愿意在我的本职工作中、在学生的学习生活中播撒正念的种子。相信有一天，这粒种子会在他们人生的某个时刻发挥作用。

最后，表达一下，感恩遇到正念，感谢课题组给我这个自我梳理并分享的机会，感谢老师伙伴们的陪伴。

三、主要结论

通过上述分析，正念训练在降低教师职业压力水平、提升教师的正念水平、情绪管理能力以及幸福感等方面具有非常显著的功效。具体而言：

（1）正念训练可以显著降低教师职业压力水平。实验组教师在进行八周正念减压课程后，分析数据发现在中学教师职业压力量表上的 10 个维度与正念均具有显著相关性，且实验后测总分均值显著低于前测总分均值。

（2）正念干预可以显著提升教师的正念水平。实验组教师在进行八周正念减压课程后，在正念五因素量表的观察、觉知地行动、不判断、不行动 4 个维度与正念均具有显著相关性，且实验后测总分均值显著高于前测总分均值。

（3）正念干预训练可以有效地降低教师的消极情绪并提升教师的积极情绪。实验组教师在进行 8 周正念减压课程后，在积极情绪和消极情绪量表中消极情绪后测总分均值显著低于前测总分均值，积极情绪的后测总分均值高于前测总分均值。

（4）正念训练可以有效提高教师的生活满意度。实验组教师在进行 8 周正念减压课程后，生活满意度量表的后测总分均值显著高于前测总分均值。

四、研究不足

本实验在开展之前进行了大量的准备工作，但在实际开展过程中仍然发现有如下三个方面需要进一步完善：

（1）受客观条件和时间的限制，本研究从前测到后测总共进行了为期十周的正念干预实验，相较国外持续三个月、半年的实验相比，我们开展实验的时间较短。在实验结束的后一周，我们进行了立即的效果评估，但缺乏实验效果长效性的跟踪调查。后期研究我们可以适当延长实验周期并进行阶段性的实验效果跟踪调查，观察干预效果在教师工作和生活中的长期影响过程，从而更好地理解正念干预对教师整体素质和心理健康状态的影响，并进一步揭示正念干预效果的深层机制和影响路径，为后续政策制定和实际应用提供更有力的支持和指导。

（2）囿于研究条件和资源的限制，研究被试样本量较小且存在偏差，特别是男性教师较少，被试代表的有限性可能影响研究结果在中学男性教师中的推广。后期研究我们可以扩大并均衡被试选样，提高研究的可推广性；可以通过增加研究对象的招募渠道，并加强宣传和招募工作，以吸引更多的男性教师参与研究。同时，我们也可以积极寻求合作伙伴，如学校、教育机构或教育行业协会等，共同推进研究对象的招募工作，以确保样本的多样性和代表性。此外，我们还可以考虑扩大研究地域范围，涵盖更多不同类型学校和地区，以获取更具代表性的样本数据。

（3）本实验的所有数据和资料均来自于教师实验前后一周所填写的调查量表以及研究者在教师分享和访谈环节收集的质性资料，可能会受到被试的情绪状态、个人偏好以及回答时的环境因素等多种因素的干扰，具有一定的主观性。后期我们可以在研究工具方面做出进一步的探究，后期研究引入更多客观性的测量工具来综合评估正念干预的效果。比如，运用脑电生物反馈技术，脑电图作为一种非侵入性的脑活动监测方法，可以实时记录大脑电活动的变化，提供关于注意力集中、放松状态等心理过程的客观数据。通过对参与者在干预前后的脑电波变化进行分析，可以获得正念训练对被试认知及情绪状态的影响的直接证据，从而增加研究的信度和效度。除此之外，结合其他神经科学工具，如功能性磁共振成像或近红外光谱成像，可以进一步探究干预过程中大脑结构和功能的变化，深化对正念干预机制的理解。同时，也可以考虑采集生理指标，如心率、皮肤电活动等，以监测和记录被试在正念训练中的生理变化。另外，在定性资料方面，研究者应通过成熟的内容分析方法对访谈和分享内容进行编码和归纳，减少主观解读对研究结果的影响。同时，可以邀请多位研究者独立分析同一份数据，并对结果进行交叉验证，以提高研究质量。

第六章 正念干预教师职业压力的策略

如何管理与调适教师职业压力,已成为教育管理者与心理学专家共同关注的课题。正念训练可以降低教师职业压力水平,提升教师正念水平、情绪调节能力以及教师生活满意度。为了更好地开展正念练习,使正念训练能够在更大程度上帮助教师管理好自身的职业压力,促进教师身心健康发展,我们建议加强正念教师培养与培训,建设正念型学校文化,建构教师正念训练的支持系统和保障机制以及创设正念型家庭文化氛围等方式来为教师减压增能。

第一节 加强正念教师培养与培训

正念教师应该是主动寻求和创造自我提升的机会的一类人,因为教师本身既是学生学习的引导者,同时也是自我再学习的成长者。正念练习的目的不是屏蔽和消除压力,而是更清楚地看待压力,从而学会从压力中获得能量并学会与压力共处。教师首先进行正念课程的学习与实践操作,并不断精进,再与自身的教学和生活相联系,增进自我觉知与觉察、提升专注力、改善情绪与行为问题、增加自信心。

一、加强教师系统的正念培训

通过正念师资培训提升教师正念教学能力。教师的很大部分压力来自对学生升学率、学习兴趣和安全等方面的焦虑和担忧。教师只有照顾好自己,才能更好地为学生的成长助力,并且受惠其中。在访谈中,许多教师谈到通过融合正念元素的课前静心、考前减压鼓励、考后安抚、处理学生冲突等方式的实践,不仅让学生提升了专注力和学习兴趣,而且让师生、生生间的关系更加融洽。一个人是消极被动还是积极主动地工作,其带来的工作效率以及生活品质是完全不同的。每个学生都是老师心爱的孩子,正如"雏既壮而能飞兮,乃衔食而反哺",师生间的相互珍惜,让教师更达观地对待生活和工作,形成教师与学生互促的正念微环境。"教师每天面对的学生的都是不一样的,每天走进的课堂也是不一样的,正如人不可能两次踏入同一条河流一样,教师也不可能两次走进同一个课堂。"① 在某种意义上,这种每日的新鲜和挑战,为教师正念教学能力的提升提供了机会。正念教学不同于以往的知识教学,它虽是"心的教学",但其中"身教"是很重要的因素。未受过系统正念培训的教师,不仅无法正确掌握正念的精髓与内涵,而且可能会因为自己在教学中的各种压力事件和焦虑情绪而无法实现正念的示范。

目前我国正念师资和培训相对比较薄弱,我们可以合理借鉴国外正念教师的培训项目和培养模式,积极探索适合我国现阶段正念教师培养的有效模式,如将正念训练融入师资培育和在职训练课程、开发正念教师教育课程、建立健全教师激励机制和保障制度等。

二、有序开展日常正念练习

正念的教学技巧虽然包含对情绪、想法、身体感觉以及外在刺激的感知,但其最终目标是引导教师和学生时时刻刻活在当下,并以正念的方式来生活。因此,教师持续的正念练习将成为指导学生的基础。压力作为生活中自然的一部分,是无法单纯解决或快速消除的,它时刻影响着我们的生活并在我们的心中激起浪花朵朵。马克·威廉姆斯(Mark Williams)指出,正念实际是一种实践,它是一种生活方式,并非仅仅是一种好的想法或聪明的技巧,抑或风行的时尚。② 我们不能只在晴天或心情好时进行正念练习,定期练习有一份自律和承诺,而这份自律和承诺来源于自我发自内心的观照——这种观照必须是深刻而坚定的,必须能真实地反映我们的个人本质、价值观和心灵方向。只有在这种极有活力的推动中,我们才能乐于坚持练习和培养正念。

首先,在正式练习开始前,我们可以思考正念练习对于自身的意义,即明确正念练习的目的。这些目标可能包括减少焦虑和压力、提高情绪管理能力、增强专注力或改善人际关系等。确定目标有助于指导练习的选择和频率,并提供衡量进步的基准。譬如,我们可以问自己我为什么要进行正念练习?我希望从中得到什么?对正念练习的切实期望是什么?自我探索以及承诺后的练习准备让我们有迹可循并动力十足。其次,在练习前进行自我评估,以识别个体当前的心理状态、压力水平及其对工作和个人生活的影响。我们可以利用标准化量表问卷,如《五因素正念问卷》等来评估正念技能的起始点。然后,基于

---

① 李政涛:《重建教师的精神宇宙》,华东师范大学出版社,2014,第91-92页。
② 马克·威廉姆斯:《正念禅修》,刘海青译,九州出版社,2017,第1页。

自我评估和资源调研，设计个性化的正念实践计划。这个计划应当考虑教师个体的工作日程以及个人生活的要求。例如，早晨可能是某些教师进行冥想的理想时间，而对于其他教师来说，放学后或晚上可能更为适宜。同时，正念练习不应成为另一种形式的压力源，在遇到困难时，教师应灵活调整计划。比如，在特别忙碌的时期，可以缩短练习时间，或尝试不同类型的正念活动。此外，对于初学者来说，从简短易行的练习开始比较适宜，随着时间推移和经验积累，逐渐增加练习的长度和深度。例如，最初可能只需每天进行 5 分钟的呼吸关注练习，随后可以发展到 20 分钟的身体扫描或静坐冥想等。最后，周期性地对练习计划进行综合评估，确定是否达到了设定的目标，并根据结果进行调整是必不可少的。比如，教师可以回顾反思日志、重新进行自我评估，甚至寻求外部专家的意见等。通过遵循以上方式，教师可以创建一个符合个人需求和生活节奏的正念日常练习规划。通过持续的练习和反思，教师能够更好地应对职业压力，提高工作效率，促进自我成长，并在教育环境中传播积极的能量。

三、多渠道获取正念学习资源

教师进行正念练习时，所需要的资源可从多方渠道获得，既可以利用正念练习指导书、视频、音频、手机程序等渠道获取正念学习资源，也可以参加在线网络课程自主进行正念学习。一是互联网上的在线学习平台提供由专业正念实践者设计的结构化课程。这些课程通常基于最新的心理学研究成果，将理论知识与实践技巧结合起来，通过视频讲座、指导性冥想及互动式问答环节，帮助教师深入理解正念的原理并加以应用。二是移动应用程序。随着移动技术的发展，多种正念应用程序日益普及，它们提供不同长度和主题的冥想练习，以满足用户个性化需求。这些应用程序通常基于正念干预的科学研究，设计有助于减轻焦虑和改善注意力的练习，并且用户界面友好，便于教师在紧张的工作间隙中进行练习。三是图书资源。与正念相关的文献资源丰富，如卡巴金的《正念的奇迹》、布拉赫的《真正的归属》、霍尔《正念教练》等。这些著作往往结合作者的临床经验和案例分析，帮助教师系统学习正念理论和开展正念实践。图书馆、书店或在线图书服务均可获取这类资源。四是社交媒体平台上存在众多致力于正念实践的社群，一些平台允许教师与全球范围内的同行分享经验、讨论挑战并获取建议。五是音频视觉材料。通过网络可搜索大量免费的正念练习视频，覆盖了初级到高级的多种练习形式。一些平台上有许多专注于正念的系列节目，这些声音材料有利于教师在通勤或休息时进行自我指导学习。六是地方性集体活动。许多城市和社区有定期举行的正念冥想会议或工作坊，一般由经验丰富的冥想导师引导。这些活动可为参与者提供真实的练习环境,同时可促进教师之间的面对面交流和相互支持。七是学术期刊和会议。正念研究发表在各类心理健康、正念和教育心理学的学术期刊上,如 *Mindfulness*、*Journal of Positive Psychology*、《基础教育》、《心理科学》等。这些期刊经常报道最新的研究发现,这类资源具有很强的参考价值。同时,相关的学术会议和研讨会为教师提供了一个了解前沿研究、交流实践经验的平台。八是跟随正念导师和教练。寻求更为个性化和深度指导的教师,可以选择与专业的正念导师或教练合作。通过一对一辅导,教师可以针对自身需求获得定制化的正念练习计划和反馈。总之,丰富的资源让教师可以方便地进行正念练习,以应对职业压力和生活波折。为了确保正念的有效性和适应性,教师可从以上资源中寻找和选择最适合自己的练习方式,将正念实践融入日常生活和工作中,以此作为应对职业压力的一种手段。同时,教育机构和决策者也应当考虑创建和维护资源网络,以支持教师的长期发展。

第二节　创设正念型学校文化氛围

教师依托学校实现个人价值与社会价值,而学校也需要通过教师实现办学目的和教育愿景。学校与教师的关系不仅是人事管理的从属关系,同时也是唇齿相依的精神共同体关系。因此,学校作为教师身心发展的重要场域,显得尤为必要。其文化氛围直接影响到教师身心健康。正念型学校文化氛围的创设有利于压力情境中的教师,以更加平衡和富有想象力的方式回应,使教师有更大的视角去抚慰、拥抱压力本身。因此,学校可建立起一个支持性强、资源丰富、易于访问的正念学习空间,为教师提供一个有利于个人成长和职业发展的环境。随着时间的推移,这样的空间有潜力转化为学校文化的一部分,从而在更广泛的层面上促进教育机构的整体福祉。

一、构建教师正念学习共同体

正念学习共同体是以培养教师正念认同、提升教师正念水平为主要目的,借助教师的合作、交流、分享等形式,自发组织形成的互促共进的学习型组织。教师正念学习共同体的构建不仅有助于提升教师正念品质与正念教学能力,而且有益于形塑正念教育共同愿景、促进学校正念文化的发展和完善。学校可以通过建设教师正念学习活动室和正念学习工作坊等活动进行,正念学习交流。通过教师之间的交流、互动和分享正念训练经验等多种形式,以促进教师正念学习共同体的形成与发展。比如，建立并维持一个结构化的正念学习系统，以确保教师能够持续地参与正念实践。还可通过设立正念练习小组、提供定期的督导会议以及创建线上社区交流平台等多种形式强化教师之间的社群联系，特别是在面对共同的教学挑战时，能够增强彼此的网络支持，从而降低职业孤立感。

二、建立正念型领导的内在资源与信任

正念型领导者会调整好自我状态，保持健康的生理、心理与情绪状态。学校领导者若能通过正式或非正式的正念活动发挥其影响力，对于提高教师的正念能力，成为正念型教师有正向驱动作用。同时，正念型领导对于形塑学校愿景、凝聚发展力量、推动教师群体合作、促进良性师生关系发展等都具有重要作用。"有效领导者是一个具有正念的人，他们能够深入体验自己的内心、想法和躯体。同时，他们乐于帮助他人，且时刻关注企业当下的环境。有效领导者也可以准确地向员工传递企业愿景，逐渐与他人构成'共振'的人际关系。这种'共振'的关系对于有效领导十分关键，也会更进一步提升领导者的正念水平。"[①]

正念领导与教师专业学习共同体相结合，组建由学校领导和教师共同组成的正念学习社群，通过学校领导团队内部的正念实践，确保从顶层到基层的全方位支持。此学习社群应成为提高正念水平，达成教育愿景共同规划、共同学习、相互帮助、合作探究以及解决问题的学习分享型组织，以平等和信任为基础，展现团体归属感、亲密感和道德承诺，并通过学习、分享、讨论达到共同成长。领导者可以在晨会或例会时引导教师进行三分钟的正念时光，使教师们受到集体的感染，感念自己的内心，静静地关注当下。教师们原本可能带着各种焦虑、着急、忧心的情绪，或是因处理班务晚到了而焦躁不安的心，以及还在惦念着班级管理事宜的分心等在这一刻都按下了暂停键。教师们此刻能在正念时光获得情绪的调整，将忙碌、焦虑化为平静、愉悦，推动教师以平静的情绪、平和的心态面对日常工作，解决各项难题。

三、多方面开展正念社团和校园活动

通过开展多样化的正念社团和校园活动，提高教师和学生对正念的关注度

---

① 郑晓明、倪丹：《组织管理中正念研究述评》，《管理评论》2018年第30卷第10期，第153-167页。

与兴趣。比如，开展静坐冥想、动态瑜伽、艺术疗法、音乐冥想、正念书法等活动，满足不同教师的需求和兴趣。具体而言，静坐冥想是一种深受欢迎的正念实践方式，通过引导个体专注于呼吸或某个特定的感觉、思维、情感，帮助减少分散注意力的干扰并提高当下的意识。静坐冥想已被众多研究证实对缓解压力、提升情绪调节能力具有积极效果。正念动态瑜伽则将传统瑜伽的体位和呼吸技巧与正念原则相结合，通过动中寻静的方式，帮助参与者在维持或转换体位过程中保持对身体各部位感受与呼吸的觉察。这种结合了身体活动的正念练习方式更适合那些喜欢身体运动同时寻求心灵放松的教师。艺术疗法作为一种创新的正念应用，通过绘画、雕塑、写作等形式的艺术创造活动，营造出一种促进自我表达和情感探索的环境。艺术疗法允许教师在无需言语的前提下，探索自己的内心世界，从而达到认知上的洞察和情感上的释放。音乐冥想则利用音乐的治愈力量，通过聆听和创造音乐来引导正念。它可以帮助教师达到放松的状态，降低紧张与焦虑，提升情绪管理能力。对于那些对音乐有特别感受的教师，音乐冥想可能是一种特别有效的减压方式。正念书法结合了书写艺术与冥想实践，在专注书写每一个笔画的过程中培养正念。书法不仅需要集中注意力，还需要精细的手眼协调和耐心，使其成为一种促进心智平静和提升专注力的练习。

通过为教师提供这样一个多元化的正念练习选择，不仅可以最大限度地增加活动的吸引力和参与度，还可以帮助教师根据个人喜好、生活经验和身心状态选择最适合自己的方法。这种多样性对于支持教师个体化的减压需求至关重要，因为它鼓励教师积极探索、实践，并最终找到一种能够融入其日常生活，且有助于持续提升其整体幸福感的减压方式。总而言之，通过提供一系列正念练习形式，为教师构建一个支持性的环境，让教师浸润于正念型的校园文化中。

第三节 建构正念训练的支持系统和保障机制

学校支持教师可以减轻由压力带来的各种负面影响，包括对教师心理健康、工作满意度以及患疾病的危险指数的影响。研究显示，同事间的支持对于缓冲教师压力的作用要大于其它方面的社会支持，包括来自朋友和家人的支持。如果将全体社会支持作为一个调节变量，则可发现与支持感高的教师相比，支持感低的教师的压力和紧张之间相关关系更高。[①] 我们可通过给教师提供时间、场地、经费等支持，推动教师正念训练的有效开展。

一、给予教师充分的正念学习时间保证

教师需要依托学校实现个人价值与社会价值，学校也需要通过教师实现办学目的和教育愿景。教师队伍作为学校的核心竞争力时刻影响着学校教育教学改革的发展方向。因此，学校需要推行人性化管理并扩大教师工作环境及心理的"空间"。正念练习是了解自我身心状态的第一手资料，但只有通过有规律的训练来发展正念的"肌肉"，当陷于压力情境时才能实现以更加平衡和富有想象力的方式回应。学校作为教师身心发展的重要场域，理应考虑和实现"作为人的教师"和"作为教师的人"之双重需要，使教师有更大的视角去抚慰、拥抱压力本身，建立内在的资源和信任。

在教育环境中，教师承受着日益增长的心理压力，这直接影响其教学效果和个人福祉。因此，学校管理层必须认识到为教师提供充足的正念练习时间是投资于教师福利和学校整体氛围的重要一环。虽然非正式的练习可以发生在教师工作和生活的每一处，但定期的正式练习是正念训练必不可少的部分。要实现这一点，学校需要采取切实可行的措施来整合正念练习到教师的工作日程中。比如，通过制定政策保障教师有固定的正念练习时间。学校可以在每周的教师工作计划中安排固定的时间段用于正念活动，并确保这一时段不会被其他任务所占用，让教师有更多的时间和精力通过正念训练滋养身心、缓解压力。

二、为教师提供专门的正念活动场地

正念活动场地包括安静而舒适的正念教室、良好的音响设备、软垫和盖毯等。在规划阶段，首先应进行需求评估，以确定教师对于正念学习空间的期望和需求。可以通过问卷调查、面谈或焦点小组，收集教师对于正念练习的经验、偏好和时间可用性等信息。正念学习空间应远离教学区和其他高噪音活动区域，设计时应考虑到自然光线、通风和温度控制，并在选材上使用温和色彩与柔软质地，营造出一个放松和舒适的氛围。正念学习空间还应配备必要的正念练习资源，如瑜伽垫、坐垫、冥想铃、用于播放冥想音乐的音响系统，以及供个人反思使用的笔记本和书写材料。同时，提供一定的书架空间存放正念相

---

① 褚建平：《天津市民办小学教师职业压力的调查研究》，天津师范大学，硕士学位论文，2012年，第37页。

关图书和资料。此外，引入现代科技手段如静音耳机、冥想 APP 和平板电脑等，使教师可以通过数字化资源接触更多样化的正念练习内容。在开展正念活动的过程中，一方面依托正念教室定期组织教师正念减压沙龙，请教师分享自己在工作和生活中践行正念的经验和遇到的困难，获得同事的理解和帮助。另一方面，可以通过两人为一组的正念沟通与倾听，来观察和理解自我与他人的沟通惯性。教师职业的特殊性决定了教师需要更好的觉察与沟通能力，当对方感到被听到、被了解时，会从内产生一种被接纳的非语言力量，无论是教师之间抑或教师与学生之间，都需要这份来自正念沟通的悦纳和观照。

三、为教师正念练习提供专业的师资保证

一是邀请校外专业机构的正念导师为教师开设正念训练课程，帮助教师掌握正念训练的具体操作程序与步骤，让正念练习与教学活动和日常生活相结合，进一步培养和提升教师正念能力与品质。二是将教师压力管理课程纳入教师专业发展学分制课程体系，通过省教育厅、地区教育局以及学校系统的教师培训项目帮助教师学会管理和调适压力。三是通过正念教师榜样推广正念教育，鼓励教师将正念练习融入教学策略，比如在课堂开始前简短静默，以培养学生的集中注意力和自我调节能力。通过亲身实践正念，教师不仅能够展现出对其价值的承认，还能够亲自体验到正念对个人的积极影响，从而更有说服力地将其传达给学生及家长。可通过校内公告、新闻稿、演讲和教师会议等形式，积极宣传正念学习空间的价值与成功案例，以提高教师的使用率和整个学校对正念实践的认可度。

第四节　营造正念家庭文化环境

一、培育正念夫妻关系

现代社会快节奏的生活、工作压力以及各种外在的干扰常常使得夫妻关系面临种种挑战，为了应对这些挑战并促进夫妻双方的情感联结，正念培育夫妻关系已被认为是一项十分有价值的实践。在正念分享环节以及教师访谈中，我们了解到很多教师的压力来自夫妻之间以及亲子之间的矛盾，使本该最亲密的关系却令人身心疲惫。而当我们摆脱自动化相处定势，转向正念伴侣与正念亲子的相处方式，就能找到对人生有所裨益的家庭关系模式。

首先，有效沟通是健康夫妻关系的基石。很多时候我们总是在说，而没有认真去听，即使表面看上去我们在倾听对方的心声，但实际上我们的大脑和思绪在急速地做出评判以及惯性的思考我应该怎样去回应或反击。正念沟通要求双方倾听时全神贯注，以及在表达自身需求和情绪时真诚和开放。正念倾听强调在交流过程中双方保持观察者的立场，通过这种方式，个体能更加清晰地捕捉和理解伴侣的言语与非言语信息。当然，在正念沟通之前我们需要记得观照沟通双方是否处于适合沟通的状态，如果其中一方处于身体疲惫或情绪糟糕的状态，则不是正念沟通的最佳时机。在正式的正念沟通环节，譬如，夫妻之间可以运用八周课程中的以两人为一组的正念倾听与回应游戏来提高真正倾听彼此的能力。当夫妻一方对另一方坦诚心事时，倾听的一方一定要认真倾听并仔细理解对方的每一句话以及言外之意，不要打断或评判。当一方说完以后，另一方进行完整的复述并感谢对方的坦诚。夫妻通过共同参与如正念冥想、瑜伽或呼吸练习等活动，不仅有利于个人的精神和身体健康，还可以增强夫妻间的情感纽带和同步性。这种活动可以作为一种"关系仪式"，在日常生活中为双方提供一个共同专注和连接的空间，增强夫妻间情感上的连带感。其次，利用正念策略来处理争端和矛盾也是改善夫妻关系的一个重要方面。在冲突发生时，保持正念可以帮助夫妻双方冷静下来，并以更加建设性的方式表达观点和需求。此外，正念还包括对自身和配偶的身体感知的觉察。肢体触觉如拥抱、抚摸有助于释放催产素，从而加深情感连结。夫妻之间定期的亲密接触能够激发正向的生理和情感反应，从而增强两人间的情感联结。最后，在忙碌的日程中夫妻专门安排时间共同创造"我们的时光"，无论是共同散步、共进晚餐或者只是坐下来聊天，都可以使夫妻双方更加专注于当前的共处时光。

综上所述，正念在培养和维护夫妻关系方面有着重要的价值，夫妻双方能够在面对日常生活压力和挑战时展现出更大的恢复力和适应性。然而值得注意的是，正念的培养需要时间和持续的努力。研究显示，坚持正念实践的夫妻拥有更深层次的情感联系和更高的关系满意度。

二、创设正念养育的家庭文化环境

在家庭教育领域，教师作为父母或者抚养者同样面临着诸多挑战。譬如，如何在繁忙的工作与家庭生活之间找到平衡，如何应对孩子行为上的问题，以及如何促进家庭内部的和谐关系，等等。作为一种家庭养育方法，正念养育不仅能够帮助教师在家庭生活中保持平衡，还能够促进孩子的情感发展和行为调节。从研究者对教师的访谈中了解，许多教师都有亲子养育的压力和困扰，比如教师话语场域混淆，回到家依然用教师的身份和口吻要求和教育孩子，或者急于让自己的孩子走在同龄孩子前列，把自身的观念和期望强加在孩子身上，导致亲子感情疏离等。

实际上，很多时候压力和困扰只是暂时被自身的情绪所影响。正念养育就是父母以正念的态度关照身体，平复不良情绪，处理负性想法，以平和的态度面对养育孩子过程中出现的压力情境。教师更需要培养正念教养的能力，把注意力带回到当下，观察自己的身体、情绪，不带批判地接受现状，了解自己进而学习照顾自己。也就是说，正念教养是要父母先照顾好自己，才能进一步看见孩子的需求，用心陪伴孩子。正念父母包含了五项要素：①全然专注的倾听；②不带评判的接受自己与孩子；③觉察自己与孩子的情绪；④在亲子关系中能自我调节；⑤对自己及孩子保有热忱。

面对年龄较小的儿童，可以增加正念训练的乐趣性。比如，可以通过和孩子玩个人情绪天气预报的形式帮助孩子把注意力引向当下晴天、乌云或风暴的情绪天气，学会觉察和理解自身的情绪，并且不被各种情绪所同化。还可以通过与孩子一起讨论愿望树的练习，了解孩子内心深处真正的渴望，并培养我们自身耐心、信任与接纳的品质。当孩子接触了正念，他们能更深入地了解自我，也能更集中注意力来处理情绪以及孩童时期的焦虑问题。家长也能享受正念培养孩子以及全身心投入所带来的幸福感。通过正念练习培育亲子之间的同理之心、感恩之心，学会关注他人、学会倾听，减少父母和孩子间的消极互动，和谐亲子关系。

总之，现代生活的压力情境不可避免，对于教师而言，做好压力管理、促进身心健康是一门需要自我精进的功课。正念减压是一种透过系统性的训练，提高教师对内外事物的觉察、了解及接纳，从而将内心带回当下回归平静，达到减轻压力、减少负面情绪，增进正面情绪，进而促进健康的良方。

参考文献

著作

[1] 保罗·班布里克·桑托约作. 如何更快地变得更好：新教师90天培训计划［M］. 彭相珍，译. 北京：中国青年出社，2022：19.

[2] 布赖恩·卢克·西沃德. 压力管理策略：健康和幸福之道［M］. 许燕，译. 北京：中国轻工业出版社，2020：34-36.

[3] 法布里奇奥·迪唐纳. 正念疗法：认知行为疗法的第三次浪潮［M］. 郭书彩，译. 北京：中国工信出版社，2022：371.

[4] 弗雷德·卢桑斯. 心理资本：激发内在竞争优势［M］. 北京：中国轻工业出版社，2018：35.

[5] 北京未来新世纪教育科学研究所主编. 师生互动 心理教学诊断［M］. 呼和浩特：远方出版社，2005：113-114.

[6] 胡学平. 守护心灵：学生成长导师制探索［M］. 安徽：安徽师范大学出版社，2016：93.

[7] 靳娟. 工作压力管理［M］. 北京：人民邮电出版社，2007.

[8] 李虹. 21世纪心理学系列教材：健康心理学［M］. 武汉大学出版社，2007：300-305.

[9] 李政涛. 重建教师的精神宇宙［M］. 上海：华东师范大学出版社，2014：91-92.

[10] 丽莎·卢卡斯. 幸福力 教师的自我调节［M］. 凌云，译. 江苏凤凰科学技术出版社，2019：83.

[11] 利兹·霍尔. 正念教练［M］. 李娜，译. 北京：机械工业出版社，2016：139.

[12] 马克·威廉姆斯，丹尼·彭曼. 正念禅修：在喧嚣的世界中获取安宁［M］. 刘海青，译. 北京：九州出版社，2013：1.

[13] 麦戈瑞格. 行为科学与管理［M］. 韩禹，译. 长春：北方妇女儿童出版社，2017：28.

[14] 帕特里夏·詹宁斯. 教师的正念：管理教学中的情绪与压力的方法[M]. 叶少欣, 张雅然, 韩冰, 译. 北京：中国青年出版社, 2024：70.

[15] 裴华. 企业应激管理的研究与应用[M]. 北京：新华出版社, 2005：3.

[16] 乔·卡巴金. 多舛的生命[M]. 童慧琦, 高旭滨, 译. 北京：机械工业出版社, 2018：24.

[17] 乔·卡巴金. 正念：此刻是一枝花[M]. 王俊兰, 译. 北京：机械工业出版社, 2018：1, 65.

[18] 申芳. 教师如何寻找解压的阀门[M]. 成都：成都电子科技大学出版社, 2012：21.

[19] 陆瑜芳. 职场人际关系处理[M]. 上海：上海大学出版社, 2022：161.

[20] 童成寿. 外语教师心理学[M]. 北京：对外经济贸易大学出版社, 2016：109.

[21] 王汉澜. 教育实验学[M]. 开封：河南大学出版社, 1992：7.

[22] 王以仁. 教师心理卫生[M]. 北京：中国轻工业出版社, 1999：97, 95.

[23] 西格尔. 正念之道：每天解脱一点点[M]. 李迎潮, 李孟潮, 译. 北京：中国轻工业出版社, 2011：47-49.

[24] 谢延龙. 教师流动论[M]. 南京：南京师范大学出版社, 2016：148.

[25] 许思安. 中学政治学科课堂教学心理[M]. 广州：广东高等教育出版社, 2014：193.

[26] 张海敏. 焦虑障碍的正念疗愈之路[M]. 北京：华龄出版社, 2023：65.

[27] 张进辅. 青年职业心理发展与测评[M]. 重庆：重庆大学出版社, 2009：254.

[28] 张静. 正念与领导力：基于交互的视角[M]. 北京：经济管理出版社, 2018：21.

[29] 张静. 正念与领导力[M]. 北京：经济管理出版社, 2019：17, 39.

[30] 周险峰. 农村教师政策执行绩效问题研究[M]. 武汉：华中科技大学出版社, 2020：190.

中文期刊

[1] 薄海欣, 陈洁. 正念减压疗法对不孕症患者焦虑抑郁水平及生活质量的影响[J]. 护理管理杂志, 2017, 17(4)：274-276.

[2] 蔡慧思,张旭东. 农村教师工作压力对心理生活质量的影响:心理弹性的中介作用 [J]. 教育导刊, 2020 (6): 45-51.

[3] 曹静,魏庆珠. 正念训练提升小学生心理韧性的随机对照组研究 [J]. 亚太教育, 2016 (12): 29-30.

[4] 曾玲娟,江丽晶. 职业高中教师职业倦怠调查研究 [J]. 广西职业技术学院学报, 2022, 15 (5): 40-50.

[5] 曾巍,钱小芳. 正念对护士职业倦怠与主观幸福感的中介及调节作用 [J]. 护理学杂志, 2017, 32 (2): 73-76.

[6] 陈翠翠,杜晓新,李叶娥. 正念训练对学习困难学生注意力及学业情绪的影响 [J]. 基础教育, 2019, 16 (2): 74-81.

[7] 陈德云. 教师压力分析及解决策略 [J]. 外国教育研究, 2002, 29 (12), 53-56.

[8] 陈亮,李晓蓓. 正念领导力:从优秀到卓越 [J]. 清华管理评论, 2017 (4): 80-87.

[9] 陈希希,何贵兵. 压力使人短视?来自跨期决策的证据 [J]. 应用心理学, 2014, 20 (1): 3-10.

[10] 陈晓,王昆明. 正念冥想训练对大学生心理健康和睡眠质量的干预作用 [J]. 中国健康心理学杂志, 2017, 25 (2): 276-281.

[11] 丁芳. 离异家庭子女心理问题产生的家庭影响因素及其教育对策 [J]. 理论与现代化, 2008 (3): 121-124.

[12] 董亚娜,郭宝中,侯晶晶,等. 正念减压疗法对不孕症患者的焦虑抑郁情绪和睡眠质量的影响 [J]. 国际精神病学杂志, 2020, 47 (4): 778-781.

[13] 段登艾,王海明,佟靓,等. 网络正念减压疗法可改善严重精神障碍患者照料者焦虑抑郁状态及其生活质量 [J]. 浙江大学学报(医学版), 2024, 53 (1): 108-115.

[14] 段文杰. 正念的操作性定义及其应用探讨 [J]. 心理学研究, 2014, 7 (3): 97-101.

[15] 段新焕,陈艳,余书玮. 中小学教师工作压力、压力反应及心理资本状况的调查研究——以深圳市龙华区为例 [J]. 心理月刊, 2023, 18 (15): 198-202.

[16] 冯宇,段文杰. 学校正念干预的基本形式及特点 [J]. 中国临床心理学杂志, 2017, 25 (5): 991-994.

[17] 傅瑜倩. 英国:家长成为教师焦虑和工作压力的主要原因 [J]. 人民教育, 2019 (19): 39.

[18] 葛斐. 中小学教师压力管理干预计划构建及实施路径 [J]. 基础教育论坛, 2019 (10): 3-5.

[19] 龚欣, 牛彩星, 王鹃. 农村幼儿园教师职业压力现状、来源及影响因素 [J]. 学前教育研究, 2020 (2): 18-31.

[20] 顾泓漪. 工作需求——控制模型理论及其在企业工作压力管理中的应用 [J]. 现代企业教育, 2014 (6): 7-9.

[21] 顾宁, 肖爽. 后疫情时期日本数字化社会转型的课题与展望 [J]. 日本研究, 2023 (2): 72-81.

[22] 郭水霞, 马雪花, 左海花. 正念训练对腰椎间盘突出症患者的疼痛程度和负面情绪的影响 [J]. 中国当代医药, 2020, 27 (25): 109-111.

[23] 韩玉璞. 身心和谐: 教师职业压力疏导的关键 [J]. 教育理论与实践, 2008, 28 (17): 37-38.

[24] 胡鑫玲, 张小如. 妇科恶性肿瘤患者正念干预的研究进展 [J]. 护理实践与研究, 2020, 17 (20): 30-32.

[25] 黄丽, 杨廷忠, 季忠民. 正性负性情绪量表的中国人群适用性研究 [J]. 中国心理卫生杂志, 2003, 17 (1): 54-56.

[26] 黄明明, 陈丽萍. 正念的心理机制研究综述与展望 [J]. 萍乡学院学报, 2017, 34 (1): 94-97.

[27] 黄旭, 王钢, 王德林. 幼儿教师组织支持和职业压力对离职意向的影响: 职业倦怠的中介作用 [J]. 心理与行为研究, 2017, 15 (4): 528-535.

[28] 黄依林, 刘海燕. 教师职业压力研究综述 [J]. 教育探索, 2006 (6): 111-113.

[29] 计思多. 抗逆力视角下中小学初任教师压力管理策略探析 [J]. 求知导刊, 2020 (21): 62-63.

[30] 姜捷. 论高校青年教师的压力问题及其缓解对策 [J]. 河南大学学报 (社会科学版), 2016, 56 (1): 123-130.

[31] 姜敏琴. 初中英语教师职业压力的现状与成因分析——以扬州市直10所中学为例 [J]. 福建教育学院学报, 2017, 18 (4): 107-110.

[32] 蒋小群, 李超平. 校长服务型领导如何降低教师情绪衰竭-心理安全感和不确定性规避的作用 [J]. 教育学报, 2020, 16 (2): 109-118.

[33] 解东波, 苏小花, 冯延平, 等. 西安市患有妇科疾病的中小学女教师职业压力、职业紧张对心理健康的影响 [J]. 职业与健康, 2023, 39 (6): 747-751.

[34] 柯澍馨, 简聿悫. 国中教师工作压力、家庭压力与生活品质之研究

[J]. 学校行政, 2011 (75): 64-82.

[35] 李超平, 张翼. 角色压力源对教师生理健康与心理健康的影响[J]. 心理发展与教育, 2009, 25 (1): 114-119.

[36] 李丹, 王玉正, 罗非. 正念教养与青少年创造力: 亲子关系的中介作用[J]. 中国健康心理学杂志, 2023, 31 (4): 557-561.

[37] 李琼, 张国礼, 周钧. 中小学教师的职业压力源研究[J]. 心理发展与教育, 2011, 27 (1): 97-104.

[38] 李妍, 鞠佳雯, 梁丽婵, 等. 父母育儿压力、正念教养与亲子关系的关系: 基于主客体互倚模型[J]. 心理科学, 2023, 46 (6): 1432-1439.

[39] 李扬, 陈洁. 正念疗法在特殊儿童家庭中的应用: 可行性及有效性探讨[J]. 科教导刊 (中旬刊), 2019 (26): 163-165.

[40] 李英, 席敏娜, 申荷永. 正念禅修在心理治疗和医学领域中的应用[J]. 心理科学, 2009, 32 (2): 397-398, 387.

[41] 李永鑫, 李艺敏. 河南省教师工作倦怠与社会支持的相关研究[J]. 中国校医, 2007, 21 (3): 260-261.

[42] 廖建玲, 兰丽梅. 员工帮助计划在传染科护士压力管理中的应用[J]. 护理研究, 2018, 32 (9): 1433-1435.

[43] 林锦煌. 系统动态观点下教师工作压力之探讨[J]. 管理科学研究, 2009: 41-50.

[44] 刘贝妮, 张志学. 团队何以愈挫弥坚? 领导正念对团队韧性形成的影响[J]. 心理科学进展, 2023, 31 (7): 1146-1159.

[45] 刘善杰, 刘冰杰, 李改, 等. 正念训练对运动员运动表现相关指标影响的 meta 分析. 中国心理卫生杂志, 2024, 38 (4): 368-376.

[46] 刘生敏, 信欢欢. 组织管理领域的正念研究: 基于多层次视角[J]. 中国人力资源开发, 2019, 36 (7): 37-53, 93.

[47] 刘斯漫, 刘柯廷, 李田田, 等. 大学生正念对主观幸福感的影响: 情绪调节及心理弹性的中介作用[J]. 心理科学, 2015, 38 (4): 889-895.

[48] 刘苏洁, 王玉正, 郭建友. 母亲正念养育对小学生心理弹性的影响: 母子关系和积极情感的链式中介作用[J]. 中国健康心理学杂志, 2024, 32 (3): 328-333.

[49] 刘霞, 卫武 职场正念的人际影响及作用机制[J]. 心理科学进展, 2024, 11 (4): 1-14.

[50] 刘兴华, 梁耀坚, 段桂芹, 等. 心智觉知认知疗法: 从禅修到心理治疗的发展[J]. 中国临床心理学杂志, 2008 (3): 334-336.

[51] 刘兴华, 徐钧, 张琴, 等." 此刻觉察" 正念训练的定义、操作及可行

性［J］．中国健康心理学杂志，2016，24（8）：1224-1229．

［52］刘颖慧，赵春梅，贾莲，等．正念训练对初一学生负性情绪及学业成绩的干预效果［J］．中国心理卫生杂志，2019，33（9）：661-665．

［53］鲁子箫．中小学教师队伍行政管理的权力边界及其规范——基于西部H县的调查［J］．教师教育研究，2020，32（6）：47-53．

［54］冒荣，贺晓星，穆荣华，等．无觅桃花源何处好耕田——高校教师精神压力问题初探［J］．高等教育研究，1997（4）：34-39．

［55］莫申江．除了冥想，我们还应做些什么——如何有效地发挥正念领导力［J］．清华管理评论，2017（4）：88-91．

［56］潘霭明，张屹，张旭东．农村教师心理弹性与工作压力的关系：应对方式的中介作用［J］．肇庆学院学报，2016，37（6）：53-57，63．

［57］潘意明，林爱宝，陈亚儿，等．正念减压疗法对孕产妇产时疼痛和自然分娩的影响［J］．中国妇幼保健，2020，35（23）：4426-4429．

［58］庞娇艳，柏涌海，唐晓晨，等．正念减压疗法在护士职业倦怠干预中的应用［J］．心理科学进展，2010，18（10）：1529-1536．

［59］庞丽娟，洪秀敏．教师自我效能感：教师自主发展的重要内在动力机制［J］．教师教育研究，2005（4）：43-46．

［60］彭彦琴，居敏珠．正念机制的核心：注意还是态度？［J］．心理科学，2013，36（4）：1009-1013．

［61］饶淑园．教师压力管理原则探析［J］．教育科学，2010，26（3）：4．

［62］任俊，黄璐，张振新．基于心理学视域的冥想研究［J］．心理科学进展，2010，18（5）：857-864．

［63］申俊贤，王煜．2009—2018年中国大陆中学生自杀意念者自杀尝试发生率的Meta分析［J］．现代预防医学，2020，47（12）：2206-2210．

［64］沈莉，王雅楠，刘生敏，等．企业员工特质正念对职业幸福感链式影响机理探究［J］．中央财经大学学报，2022（10）：109-118．

［65］生媛媛，刘惠军，何欣嘏．正念干预在癌症康复中的临床应用［J］．心理科学进展，2017，25（12）：2124-2135．

［66］史茜，舒晓兵，罗玉越．工作需求控制支持压力模型及实证研究评析［J］．心理科学进展，2010，18（4）：655-663．

［67］苏建萍，彭青，林丽，等．正念认知疗法对宫颈癌术后化疗期患者心理痛苦程度的影响［J］．中国护理管理，2019，19（8）：1226-1231．

［68］睢瑞丹．农村小学女教师的压力源探寻及对策分析［J］．教学与管理，2017（33）：16-19．

［69］孙莎莎，李小兵，李宝山．正念维持适应的机制：来自心率变异性自相

似的初步证据 [J]. 心理学报, 2018, 50 (12): 1413-1427.

[70] 孙玉静, 杨洁, 林梓洵, 等. 正念减压疗法对医务人员职业倦怠和心理健康的干预效果分析 [J]. 中国医院, 2022, 26 (5): 52-55.

[71] 孙长玉, 陈晓. 正念冥想训练对中学生自我控制能力的干预作用 [J]. 中国健康心理学杂志, 2016, 24 (9): 1359-1363.

[72] 田国秀, 李冬卉. 提升新教师抗逆力: 内容与策略 [J]. 教师教育研究, 2018, 30 (3): 95-102.

[73] 田惠东, 徐强强, 张玉红, 等. 工作家庭冲突与乡村教师消极工作情绪: 正念教学的中介作用和心理安全感的调节作用 [J]. 心理科学, 2024, 47 (1): 170-177.

[74] 田丽丽. 缓解教育变革中教师心理压力的有效策略 [J]. 中国教育学刊, 2016 (4): 76-79.

[75] 汪芬, 黄宇霞. 正念: 概念、测量及其效果. 应用心理研究 [J]. 中国健康心理学杂志, 2011, 17 (4): 31-37.

[76] 汪芬, 黄宇霞. 正念的心理和脑机制 [J]. 心理科学进展, 2011, 19 (11): 1635-1644.

[77] 汪国琴, 陈进, 杨文圣. 教师职业压力与心理健康状况调查报告——基于上海地区的调研 [J]. 思想理论教育, 2016 (3): 86-91.

[78] 汪敏, 李丹丹, 顾敏杰, 等. 正念及自我控制在糖尿病患者自我损耗与健康促进间的中介效应 [J]. 护理学杂志, 2019, 34 (24): 26-28, 63.

[79] 王汉林, 李博文, 任维聪. 短时正念训练对大学生负性情绪唤醒度的效应 [J]. 中国心理卫生杂志, 2023, 37 (9): 801-806.

[80] 王娟, 王晓娟, 王茜. 关于正念治疗疼痛的心理与脑机制研究 [J]. 医学与哲学, 2016, 37 (11): 60-61, 66.

[81] 王凯华, 米术斌, 张雷, 等. 职业压力对医学院校教师心血管功能影响的研究 [J]. 现代预防医学, 2010, 37 (14): 2682-2683.

[82] 王芹, 章新琼, 王秋萍, 等. 正念减压法对癌症患者知觉压力与睡眠障碍干预效果的系统评价 [J]. 重庆医学, 2017, 46 (25): 3547-3550.

[83] 王瑞兰. 正念减压课程在宠物服务产业上的运用 [J]. 咨商与辅导, 2018, 10 (15): 1529-1536.

[84] 王文增, 郭黎岩. 中小学教师职业压力、职业倦怠与心理健康研究 [J]. 中国临床心理学杂志, 2007, 15 (2): 146-148.

[85] 王文周, 杨珂. 正念领导力: 开发内心的力量 [J]. 清华管理评论, 2017 (4): 74-79.

[86] 王艳. 基于人际关系压力源视角的领导干部压力管理探析 [J]. 领导科学, 2014 (29)：36-37.

[87] 王英杰, 张刈, 张美霞, 等. 母亲正念与幼儿问题行为的关系：正念养育和亲子关系的链式中介作用 [J]. 心理发展与教育, 2023, 39 (2)：184-191.

[88] 王玉峰, 杨多. 企业组织变革对员工压力的形成机制及压力管理研究 [J]. 贵州社会科学, 2014 (06)：94-99.

[89] 王紫合, 吴尚兴, 厉伟, 等. 正念训练在医生群体中应用的研究进展 [J]. 中国临床心理学杂志, 2023, 31 (6)：1536-1540, 1524.

[90] 卫萍, 许成武, 刘燕, 等. 中小学生心理健康状况的调查分析与教育策略 [J]. 教育研究与实验, 2017 (2)：91-96.

[91] 卫武, 黎金荣. 员工正念如何影响不道德亲组织行为：自我调节理论的视角 [J]. 商业经济与管理, 2023 (5)：5-16.

[92] 温宗堃. 西方正念教育概观：向融入正念训练于我国教育迈进 [J]. 生命教育研究, 2013, 5 (2)：1-26.

[93] 伍新春, 齐亚静, 余蓉蓉, 等. 中小学教师职业倦怠问卷的进一步修订 [J]. 中国临床心理学杂志, 2016, 24 (5)：856-860.

[94] 肖第郁, 钟子金. 农村中小学教师职业压力的调查与思考 [J]. 教育学术月刊, 2010 (1)：93-96.

[95] 肖渊. 基于个体-环境匹配理论的工作压力管理 [J]. 长沙民政职业技术学院学报, 2007 (1)：50-52.

[96] 谢晶, 涂艳国. 正念教育对儿童发展的影响研究——基于W市D小学五年级的正念教育实验 [J]. 教育研究与实验, 2018 (6)：23-28.

[97] 谢正立, 邓猛, 李玉影, 等. 融合教育教师职业压力对职业倦怠的影响：社会支持的中介作用 [J]. 中国特殊教育, 2021 (3)：46-52.

[98] 熊承清, 许远理. 生活满意度量表中文版在民众中使用的信度和效度 [J]. 中国健康心理学杂志, 2009, 17 (8)：948-949.

[99] 徐东升, 赵慧玲, 马筱慧, 等. 基于正念认知疗法的心理干预对乳腺癌化疗患者焦虑、抑郁及生存质量的影响 [J]. 中国老年学杂志, 2019, 39 (23)：5854-5857.

[100] 徐富明, 申继亮, 朱从书. 教师职业压力与应对策略的研究 [J]. 中小学管理, 2002 (10)：15-16.

[101] 徐晓虹. 教师职业压力三次调查对比与实证研究 [J]. 上海教育科研, 2017 (8)：65-69.

[102] 徐晓虹. 宁波市基础教育教师职业压力情况的实证研究 [J]. 宁波教

育学院学报，2016，18（6）：43-47.

[103] 许嘉琪，周怡萱. 正念融入国小班级辅导之探讨[J]. 谘商与辅导，2017（376）：7-10.

[104] 许延礼，高峰强. 高中教师工作压力源量表的初步编制[J]. 当代教育科学，2003，(21)：43-44.

[105] 杨芳，王洁，赛金萍. 正念减压疗法对护士压力及幸福感的影响[J]. 护理学杂志，2017，32（5）：11-14.

[106] 杨玉梅，林侠. 金融工作者压力管理与对策研究[J]. 武汉金融，2019（7）：87-88.

[107] 于文静，刘华雪，张爱华. 正念疗法对冠心病病人干预效果的Meta分析[J]. 护理研究，2018，32（8）：1211-1217.

[108] 袁晓琳，肖少北. 新课程改革背景下中学教师职业压力调查[J]. 现代中小学教育，2014，30（11）：79-83.

[109] 翟成，盖笑松，焦小燕. 正念训练中的认知转变机制[J]. 东北师大学报，2016（2）：182-187.

[110] 张爱景. 正念减压疗法对失眠患者焦虑抑郁的影响[J]. 心理月刊，2018（12）：30.

[111] 张滨熠. 构建危机领导者压力管理全过程模式的思考[J]. 领导科学，2014（16）：44-46.

[112] 张佳媛，周郁秋，张全志，等. 正念减压疗法对乳腺癌患者知觉压力及焦虑抑郁水平的影响[J]. 中华护理杂志，2015，50（2）：189-193.

[113] 张润琴，孙丽丽，史俊研. 心理治疗对焦虑症患者的临床效果研究[J]. 中国药物与临床，2017，17（1）：83-84.

[114] 张晓旭，朱海雪. 正念认知疗法对手机依赖大学生的干预效果[J]. 心理与行为研究，2014，12（3）：391-394.

[115] 张雪莲，汪燕妮，李英，等. 正念与情绪调节对孕产妇亚临床抑郁症状的影响[J]. 中国健康教育，2022，38（12）：1072-1076.

[116] 张妍，任慧莹，蔡丽，等. 高校教师工作压力源量表编制及现状研究[J]. 牡丹江师范学院学报（社会科学版），2020（2）：121-128.

[117] 张瑶瑶，郭成，袁宏，等. 正念对压力的影响-基于监控与接纳理论[J]. 心理科学，2022，45（6）：1492-1499.

[118] 张英. 对产妇调节自我效能感及其正念干预的效果分析[J]. 医学理论与实践，2014，27（13）：1811-1812.

[119] 赵迪，冯秀娟，侯芳艳，等. 山东农村中年女性绝经综合征与生殖衰老分期、人格和正念的关系[J]. 山东大学学报（医学版），2019，57

(12): 92-96.

[120] 赵红霞, 袁媛, 陈长英. 正念减压训练对老年慢性心力衰竭患者负性情绪的影响 [J]. 中华现代护理杂志, 2018, 24 (19): 2315-2318.

[121] 赵建华. 中学教师职业压力及自我心理调控策略研究 [J]. 心理科学, 2002 (3): 373-374.

[122] 赵雯雯, 张爱华. 心智觉知训练对乳腺癌病人心理弹性影响的研究 [J]. 护理研究, 2015, 29 (26): 3286-3288.

[123] 赵亚东, 卢强. 员工正念能提升工作绩效吗?——组织认同的调节作用 [J]. 中国流通经济, 2018, 32 (9): 120-128.

[124] 郑晓明, 倪丹. 组织管理中正念研究述评 [J]. 管理评论, 2018, 30 (10): 153-167.

[125] 郅庭瑾, 马云, 雷秀峰, 等. 教师专业心态的当下特征及政策启示——基于上海的调查研究 [J]. 教育研究, 2014, 35 (2): 96-103.

[126] 周海明, 桑爱友, 朱永海, 等. 教师工作压力管理的3A模型及其启示 [J]. 山东科技大学学报 (社会科学版), 2018, 20 (5): 98-103.

[127] 周雁荣. 系统性压力管理对心脏外科ICU护士职业压力及职业倦怠的影响 [J]. 中国护理管理, 2018, 18 (10): 1432-1436.

[128] 周永玲, 党情男, 周恩会. 正念瑜伽训练对睡眠障碍患者焦虑、抑郁情绪干预的效果研究 [J]. 母婴世界, 2020, 10 (20): 10.

[129] 周正, 宁宁. 职业压力对小学教师职业认同的影响: 复原力的中介作用 [J]. 教育学报, 2020, 6 (4): 95-103.

[130] 朱凌燕, 卢惠娟, 许燕玲, 等. 压力管理对改善急性心肌梗死患者生活质量的效果研究 [J]. 中华护理杂志, 2014, 49 (5): 534-539.

[131] 朱倩华, 方琦, 张利全. 正念减压联合镜像疗法在乳腺癌术后病人持续性疼痛中的干预研究 [J]. 全科护理, 2020, 18 (22): 2829-2832.

[132] 朱婷婷. 第三代行为治疗的核心概念: 心智觉知 [J]. 医学与哲学 (人文社会医学版), 2010, 31 (9): 32-34.

[133] 朱雁. 中国上海教师的工作压力水平及其对工作满意度的影响——基于TALIS 2018数据的实证分析 [J]. 全球教育展望, 2020, 49 (8): 117-128.

英文期刊

[1] AHMADPANAH M, AKBARI T, AKHONDI A, et al. Detached mindfulness reduced both depression and anxiety in elderly women with major depressive

disorders [J]. Psychiatry research, 2017 (257): 87-94.

[2] BAER R A. Mindfulness training as a clinical intervention: aconceptual and empirical review [J]. Clinicla psychol: science and practice, 2003, 10 (2): 125-143.

[3] BARON L. Authentic leadership and mindfulness development through action learning [J]. Journal of managerial psychology, 2016, 31 (1): 296-311.

[4] BORG M G. Occupational stress in British educational settings: a review [J]. Educational psychology, 2003 (10): 103-126.

[5] BROWN D, FORTE M, DYSART M. Differences in visual sensitivity among mindfulness meditators and non-meditators [J]. Perceptual and motor skills, 1984, 58 (3): 727-733.

[6] CATANO V, FRANCIS L, HAINES T, et al. Occupational Stress in Canadian Universities: A National Survey [J]. International journal of stress management, 2010, 17 (3): 232-258.

[7] COHEN S. Social relationships and health [J]. American psychologist, 2004, 59 (8): 676-684.

[8] DAVIDSON R J, KASZNIAK A W. Conceptual and methodological issues in research on mindfulness and meditation [J]. American psychologist, 2015, 70 (7): 581-592.

[9] EDWARDS M, ADAMS E M, WALDO M, et al. Effects of a mindfulness group on Latino adolescent students: Examining levels of perceived stress, mindfulness self-compassion, and psychological symptoms [J]. The journal for specialists in group work, 2014, 39 (2): 145-163.

[10] FARB N A S, ANDERSON A K, SEGAL Z V. The mindful brain and emotion regulation in mood disorders [J]. Canadian journal of psychiatry, 2012, 57 (2): 70-77.

[11] GLOMB T M, DUFFY M K, BONO J E, et al. Mindfulness at work [C] //JOSHI A, LIAO H, MARTOCCHIO J J. Research in personnel and human resources management. Bradford: Emerald Group Publishing Limited, 2011 (30): 115-157.

[12] HARTIG T, EVANS G W, JAMMER L D, et al. Tracking restoration in natural and urban field settings [J]. Journal of environmental psychology, 2003, 23 (2): 109-123.

[13] HINLDE L E. The concept of "stress" in the biological and social sciences [J]. Science, medicine and man, 1974, 1 (1): 31-48.

[14] HUANG Y, WANG Y, WANG H, et al. Prevalence of mental disorders in China: a cross-sectional epidemiological study [J]. The lancet psychiatry, 2019, 6 (3): 211-224.

[15] IVARSSON A, JOHNSON U, ANDERSEN M B, et al. It pays to pay attention: a mindfulness-based program for injury prevention with soccer players [J]. Journal of applied sport psychology, 2015, 27 (3): 319-334.

[16] JOHN S H, NICOLA S S, BROWN R F. Effects of a mindfulness intervention on sports anxiety, pessimism, and flow in competi tive cyclists [J]. Applied psychology: health and well-being, 2016, 8 (1): 85-103.

[17] KRISHNAKUMAR S, ROBINSON M D. Maintaining an even keel: An affect-mediated model of mindfulness and hostile work behavior [J]. Emotion, 2015, 15 (5): 579-589.

[18] KYRIACOU C. Teacher stress: directions for future research [J]. Educational review, 2001, 53 (1): 27-35.

[19] LAU N S, HUE M T. Preliminary outcomes of a mindfulness-based programme for Hong Kong adolescents in schools: Well-being, stress and depressive symptoms [J]. International journal of children's spirituality, 2011, 16 (4): 315-330.

[20] MASTEN A S, REED M G J. Resilience in development [G] //SNYDER C R, LOPEZ S J. Hand-book of positive psychology. New York: Oxford University Press, 2002.

[21] MINKLER T O, GLASS C R, HUT M. Mindfulness training for a college team: Feasibility, acceptability, and effective ness from within an athletic department [J]. Journal of applied sport psychology, 2021, 33 (6): 609-626.

[22] REGEHR C, GLANCY D, PITTS A. Interventions to reduce stress in university students: A review and meta-analysis [J]. Journal of affective disorders, 2013, 148 (1): 1-11.

[23] ROEMER L, WILLISTON S K, ROLLINS L G. Mindfulness and emotion regulation. Current opinion in psychology, 2015 (3): 52-57.

[24] SHAPIRO S L, CARLSON L E, ASTIN J A, et al. Mechanisms of mindfulness [J]. Journal of clinical psychology, 2006, 62 (3): 373-386.

[25] TURNER S, BRAINE M. Embedding Wellbeing Knowledge and Practice into Teacher Education: building emotional resilience [J]. Teacher education advancement network journal. 2016, 8 (1): 67-82.

[26] VIDIC Z, MARTIN M S, OXHANDLER R. Mindfulness intervention with a

US women's NCAA division I basketball team：Impact on Stress, Athletic Coping Skills and Perceptions of Intervention［J］. Sport Psychologisty. 2016（34）：268－272.

［27］ WOLCH N J. The effects of a brief mindfulness intervention on basketball free-throw shooting performance under pressure［J］. Journal of applied sport psychology, 2021, 33（5）：510－526.

［28］ ZHU Y X, SUN F H, LI C X, et al. Acute effect of brief mindfulness-based intervention coupled with fluid intake on athletes' cognitive function［J］. Journal of sports science & medicine, 2020, 19（4）：753－760.

硕博论文

［1］ 褚建平. 天津市民办小学教师职业压力的调查研究［D］. 天津：天津师范大学, 2012.

［2］ 邓玉琴. 心智觉知训练对大学生心理健康水平的干预效果［D］. 北京：首都师范大学, 2009.

［3］ 刘皓宇. 高三学生学习焦虑的正念干预研究［D］. 淮北：淮北师范大学, 2020.

［4］ 刘佳赛. 普通高中教师职业压力研究［D］. 保定：河北大学, 2019.

［5］ 闵鞞. 高水平大学教师学术激情、职业压力与活力研究［D］. 上海：华东师范大学, 2022.

［6］ 彭呈方. 高中教师职业压力与职业倦怠的关系：心理资本与社会支持的中介作用［D］. 武汉：华中师范大学, 2018.

［7］ 陶俊梅. 泸州市中学教师职业压力源研究［D］. 重庆：西南大学, 2006.

［8］ 王淑霞. 正念减压疗法对更年期女性症状、情绪改善效果的初步探索研究［D］. 北京：中国疾病预防控制中心, 2015.

［9］ 吴欣洋. 正念训练对大学生正念水平及幸福感的影响［D］. 长春：东北师范大学, 2014.

［10］ 元琴. IT员工职业压力及其干预研究［D］. 上海：华东师范大学, 2004.

附　　录

附录一

正念八周探索之旅——给中学教师的正念课
（课前筛选问卷）

感谢您填写这些表格，我们认识到这些问题会涉及个人隐私，这些填写完毕的表格会绝对保密地进行保管，请您放心填写。

1. 您的姓名：_____
2. 邮箱：_____
3. 您的手机号码：_____
4. 您是否为在职在岗教师（　　）
   A. 是　　　　　　　　　B. 否（请跳转至第19题）
5. 本课程针对中学在职在岗教师免费开放，为使真正需要本课程的教师能够最大收益，请教师上传相关证明。我们秉持诚信原创，请确保以下所填信息真实、有效。
6. 您所在学校类型是（　　）
   A. 城市学校　　　　　　B. 农村学校
7. 您所在学校是否为重点学校（　　）
   A. 是　　　　　　　　　B. 否
8. 您的年龄是（　　）
   A. 25岁以下　　B. 25～30岁　　C. 31～40岁
   D. 41～50岁　　E. 50岁以上
9. 您的教龄是（　　）
   A. 3年以下　　B. 3～5年　　C. 6～10年　　D. 11～20年

E. 21～30年　　F. 30年以上

10. 您的性别是（　　）

A. 男　　　　　　　　　　B. 女

11. 您的婚姻状况是（　　）

A. 未婚　　　B. 已婚　　　C. 其他

12. 您是否毕业于师范院校或于师范专业毕业（　　）

A. 是　　　　　　　　　　B. 否

13. 您的学历是（　　）

A. 高中以下　　B. 高中或中专　　C. 大专　　　D. 本科

E. 研究生

14. 您进入教师队伍的途径是（　　）

A. 原来的师范院校毕业分配　　　B. 民办教师转公办教师

C. 定向师范生　　　　　　　　　D. 特岗招聘

E. 本区县考试　　　　　　　　　F. 临聘教师

G. 其他

15. 您的职称是（　　）

A. 初级　　　B. 中级　　　C. 高级　　　D. 特级

16. 您所教年级是（　　）

A. 初一　　　B. 初二　　　C. 初三　　　D. 高一

E. 高二　　　F. 高三　　　G. 职业中学

17. 请花一点时间回答以下几个问题：

（1）您参加此课程的主要原因是什么？

___

（2）在您的教育生涯中，您最在意（最关心）的是什么？

___

（3）在您的教育生涯中，给您带来最大快乐的是什么？

___

（4）最近一段时间，给您带来压力的最大事件是什么？

___

（5）使您感到职业压力的最大因素是什么？

___

18. 请根据您一直以来的情况，选择符合自己情况的选项。

序号	项目	没有压力	有点压力	一般	压力较大	压力很大
1	日平均工作时间太长	A	B	C	D	E
2	寒暑假、节假日由于补课、继续教育等得不到足够的休息和调整	A	B	C	D	E
3	教师往往要扮演教育者、管理者等多重角色，有较大难度	A	B	C	D	E
4	学校各种形式主义活动和检查太多	A	B	C	D	E
5	学校刚性管理较多，人性关怀不够，教师的精神环境并不轻松	A	B	C	D	E
6	时常担心所教学生的考试成绩不理想	A	B	C	D	E
7	时常担心学校或所教班级的升学率	A	B	C	D	E
8	学生缺乏学习热情、动机，对学习没有兴趣，厌学问题严重	A	B	C	D	E
9	担心学生安全	A	B	C	D	E
10	学校对教师的评价欠科学，不能对老师进行客观评价	A	B	C	D	E
11	与某些学生关系紧张	A	B	C	D	E
12	班级间竞争较大，同事、同行之间竞争激烈	A	B	C	D	E
13	家长对优质教育资源的需求越发强烈	A	B	C	D	E
14	教学任务繁重，没有较多时间照顾家庭	A	B	C	D	E
15	家人不能较好理解教师职业的特殊性，家庭关系受影响	A	B	C	D	E
16	教师转行受限制较多	A	B	C	D	E
17	参加学术交流和研究的机会太少	A	B	C	D	E
18	个人知识和能力不能满足学生日益增长的精神需求	A	B	C	D	E
19	教师职业要求时常扮演不同角色，冲突和困难较多	A	B	C	D	E

续表

序号	项目	没有压力	有点压力	一般	压力较大	压力很大
20	身体时常处于亚健康状态	A	B	C	D	E
21	学校的生存和发展会影响自己	A	B	C	D	E
22	教学准备、批改作业、教学科研、做学生思想工作等工作量大	A	B	C	D	E
23	既要顾及升学率,又要适应新课程改革要求	A	B	C	D	E
24	教师还可能承当一定的招生任务	A	B	C	D	E
25	班额较大,教师没有太多精力顾及每个学生	A	B	C	D	E
26	教师收入与其他行业比较,付出与回报不成正比	A	B	C	D	E
27	学校对教师要求较多,教师工作自由度较少,不能较好发挥主动性与创造性	A	B	C	D	E
28	学生考试成绩会影响教师职称、奖金等的评定	A	B	C	D	E
29	学校考试太频繁	A	B	C	D	E
30	学生个体差异较大,思想工作难做	A	B	C	D	E
31	学校人事制度改革,实行聘任制,干不好就可能下岗	A	B	C	D	E
32	领导对自己的态度和评价	A	B	C	D	E
33	部分学生家长不支持配合	A	B	C	D	E
34	社会、家长对教师的期望和要求过高	A	B	C	D	E
35	工作占据大量时间,无暇顾及子女教育	A	B	C	D	E
36	对自己的职业缺乏认同感	A	B	C	D	E
37	教师评优晋级困难	A	B	C	D	E
38	组织教学困难	A	B	C	D	E
39	学校或教育行政部门的管理较严,要求较多	A	B	C	D	E
40	学生对教师的期望太高	A	B	C	D	E
41	学生不礼貌,不守纪律	A	B	C	D	E

续表

序号	项目	没有压力	有点压力	一般	压力较大	压力很大
42	学校教学设备、办公条件较差，不能较好满足教师对备课资源的需要	A	B	C	D	E
43	教师的住房等福利较其他行业解决得不够好	A	B	C	D	E
44	担心学生身心状况不足以应付考试	A	B	C	D	E
45	担心学生对自己不当的批评和议论、评价	A	B	C	D	E
46	学校人性化、民主化管理不够	A	B	C	D	E
47	学校主要用考试成绩来衡量教师工作水平和业绩	A	B	C	D	E
48	教师社会地位不高	A	B	C	D	E
49	工作太忙，与家人沟通不够	A	B	C	D	E
50	时常感到身心疲惫，工作效率不高	A	B	C	D	E
51	个人能力和素质得到提升的机会较少，影响自己适应新的教育形势	A	B	C	D	E
52	教育、教学效果不太理想	A	B	C	D	E
53	要花较多时间更新观念、钻研新课程、学习信息技术	A	B	C	D	E
54	有时不能较好地控制自己的情绪，影响教育教学效果	A	B	C	D	E
55	收入较其他家庭成员较低，经济地位受影响	A	B	C	D	E
56	缺乏进修和继续教育的机会	A	B	C	D	E
57	知识日新月异，自己有些跟不上形势	A	B	C	D	E
58	学生接受能力参差不齐，不能及时准确地掌握所学知识，影响考试成绩	A	B	C	D	E
59	学生家长不理解教师工作	A	B	C	D	E
60	睡眠不足，睡眠质量不高	A	B	C	D	E
61	缺乏参与学校管理与决策的机会	A	B	C	D	E

19. 请列出您参加正念课程所希望达到的3个目标（期望）：

（1）_____

（2）_____

（3）_____

20. 上个月至今您是否曾有过下面的情况？

序号	项目	是	否
1	考虑自杀		
2	寻求精神科医生的帮助		
3	想过死亡或临终		
4	有冲动去击打、伤害或者损害某人		
5	有冲动去打碎或破坏某物		
6	惊恐发作		

21. 请仔细地阅读每一条，然后根据最近一星期内您的情况，选择符合您的实际感觉的对应的情况。

序号	项目	没有	很轻	中等	偏重	严重
1	头痛					
2	神经过敏，心中不踏实					
3	头脑中有不必要的想法或字句盘旋					
4	头昏或昏倒					
5	对异性的兴趣减退					
6	对旁人责备求全					
7	感到别人能控制你的思想					
8	责怪别人制造麻烦					
9	忘记性大					
10	担心自己的衣饰整齐及仪态的端正					
11	容易烦恼和激动					
12	胸痛					
13	害怕空旷的场所或街道					
14	感到自己的精力下降，活动减慢					

续表

序号	项目	没有	很轻	中等	偏重	严重
15	想结束自己的生命					
16	听到别人听不到的声音					
17	发抖					
18	感到大多数人都不可信					
19	胃口不好					
20	容易哭泣					
21	和异性相处时感到害羞不自在					
22	感到中了圈套或有人想抓住自己					
23	无缘无故地突然感到害怕					
24	自己不能控制地大发脾气					
25	怕单独出门					
26	经常责怪自己					
27	腰痛					
28	感到难以完成任务					
29	感到孤独					
30	感到苦闷					
31	过分担忧					
32	对事物不感兴趣					
33	感到害怕					
34	您的感情容易受到伤害					
35	旁人能知道您的私下想法					
36	感到别人不理解您,不同情您					
37	感到人们对您不友好,不喜欢您					
38	做事必须做得很慢以保证做得正确					
39	心跳得很厉害					
40	恶心或胃部不舒服					
41	感到比不上他人					
42	肌肉酸痛					

续表

序号	项目	没有	很轻	中等	偏重	严重
43	感到有人在监视您、谈论您					
44	难以入睡					
45	做事必须反复检查					
46	难以作出决定					
47	怕乘电车、公共汽车、地铁或火车					
48	呼吸困难					
49	一阵阵发冷或发热					
50	因为感到害怕而避开某些东西、场合或活动					
51	脑子变空了					
52	身体发麻或刺痛					
53	喉咙有梗塞感					
54	感到前途没有希望					
55	不能集中注意					
56	感到身体的某一部分软弱无力					
57	感到紧张或容易紧张					
58	感到手或脚发重					
59	想到死亡的事					
60	吃得太多					
61	当别人看着您或谈论您时感到不自在					
62	有一些不属于您自己的想法					
63	有想打人或伤害他人的冲动					
64	醒得太早					
65	必须反复洗手、点数目或触摸某些东西					
66	睡得不稳不深					
67	有想摔坏或破坏东西的冲动					
68	有一些别人没有的想法或念头					
69	感到对别人神经过敏					
70	在商店或电影院等人多的地方感到不自在					

续表

序号	项目	没有	很轻	中等	偏重	严重
71	感到做任何事情都很困难					
72	一阵阵恐惧或惊恐					
73	感到在公共场合吃东西很不舒服					
74	经常与人争论					
75	单独一个人时神经很紧张					
76	别人对您的成绩没有作出恰当的评价					
77	即使和别人在一起也感到孤单					
78	感到坐立不安心神不定					
79	感到自己没有什么价值					
80	感到熟悉的东西变成陌生或不像是真的					
81	大叫或摔东西					
82	害怕会在公共场合昏倒					
83	感到别人想占您的便宜					
84	为一些有关性的想法而很苦恼					
85	您认为应该因为自己的过错而受到惩罚					
86	感到要很快把事情做完					
87	感到自己的身体有严重问题					
88	从未感到和其他人很亲近					
89	感到自己有罪					
90	感到自己的脑子有毛病					

22. 请问您是从什么渠道了解正念的？有没有相关练习经验？

附录二

中学教师职业压力现状调查问卷

尊敬的老师:

您好！为了解中学教师的职业压力状况，我们设计了此问卷。本问卷结果一是用作科学研究，二是用于决策咨询建议报告。不会对您及您所在的学校产生任何影响，恳请您放心填写。感谢您的支持！

请您将选择的答案序号填在题目后面的括号里。

1. 您所在学校类型是（　　）
   A. 城市学校　　　　　　　B. 农村学校
2. 您所在学校是否为重点学校（　　）
   A. 是　　　　　　　　　　B. 否
3. 您的年龄是（　　）
   A. 25 岁以下　　B. 25～30 岁　　C. 31～40 岁
   D. 41－50 岁　　E. 50 岁以上
4. 您的教龄是（　　）
   A. 3 年以下　　　B. 3～5 年　　　C. 6～10 年
   D. 11～20 年　　E. 21～30 年　　F. 30 年以上
5. 您的性别是（　　）
   A. 男　　　　　　　　　　B. 女
6. 您的婚姻状况是（　　）
   A. 未婚　　　　　B. 已婚　　　　C. 其他
7. 您是否师范院校或师范专业毕业（　　）
   A. 是　　　　　　　　　　B. 否
8. 您的学历是（　　）
   A. 高中以下　　　B. 高中或中专　　C. 大专
   D. 本科　　　　　E. 研究生
9. 您进入教师队伍的途径是（　　）
   A. 原来的师范院校毕业分配　　B. 民办教师转公办教师

C. 定向师范生　　　　　　D. 特岗招聘
E. 本区县考试　　　　　　F. 临聘教师
G. 其他

10. 您的职称是（　　　）

A. 初级　　　B. 中级　　　C. 高级　　　D. 特级

11. 您所教年级是：_____　学科：_____

把符合自己情况的选项用"√"表示出来。

序号	项目	没有压力	有点压力	一般	压力较大	压力很大
1	日平均工作时间过长	A	B	C	D	E
2	寒暑假、节假日由于补课、继续教育等得不到足够的休息和调整	A	B	C	D	E
3	教师往往要扮演教育者、管理者等多重角色，有较大难度	A	B	C	D	E
4	学校各种形式主义活动和检查太多	A	B	C	D	E
5	学校刚性管理较多，人性关怀不够，教师的精神环境并不轻松	A	B	C	D	E
6	时常担心所教学生的考试成绩不理想	A	B	C	D	E
7	时常担心学校或所教班级的升学率	A	B	C	D	E
8	学生缺乏学习热情、动机，对学习没有兴趣，厌学问题严重	A	B	C	D	E
9	担心学生安全	A	B	C	D	E
10	学校对教师的评价欠科学，不能对教师进行客观评价	A	B	C	D	E
11	与某些学生关系紧张	A	B	C	D	E
12	班级间竞争较大，同事、同行之间竞争激烈	A	B	C	D	E
13	家长对优质教育资源的需求越发强烈	A	B	C	D	E
14	教学任务繁重，没有较多时间照顾家庭	A	B	C	D	E
15	家人不能较好理解教师职业的特殊性，家庭关系受影响	A	B	C	D	E

续表

序号	项目	没有压力	有点压力	一般	压力较大	压力很大
16	教师转行受限制较多	A	B	C	D	E
17	参加学术交流和研究的机会太少	A	B	C	D	E
18	个人知识和能力不能满足学生日益增长的精神需求	A	B	C	D	E
19	教师职业时常要求扮演不同角色,冲突和困难较多	A	B	C	D	E
20	身体时常处于亚健康状态	A	B	C	D	E
21	学校的生存和发展会影响自己	A	B	C	D	E
22	教学准备、批改作业、教学科研、做学生思想工作等工作量大	A	B	C	D	E
23	既要顾及升学率,又要适应新课程改革要求	A	B	C	D	E
24	教师还可能承当一定的招生任务	A	B	C	D	E
25	班额较大,教师没有太多精力顾及每个学生	A	B	C	D	E
26	教师收入与其他行业比较,付出与回报不成正比	A	B	C	D	E
27	学校对教师要求较多,教师工作自由度较少,不能较好发挥主动性与创造性	A	B	C	D	E
28	学生考试成绩会影响教师职称、奖金等的评定	A	B	C	D	E
29	学校考试太频繁	A	B	C	D	E
30	学生个体差异较大,思想工作难做	A	B	C	D	E
31	学校人事制度改革,实行聘任制,干不好就可能下岗	A	B	C	D	E
32	领导对自己的态度和评价	A	B	C	D	E
33	部分学生家长不支持配合	A	B	C	D	E
34	社会、家长对教师的期望和要求过高	A	B	C	D	E
35	工作占据大量时间,无暇顾及子女教育	A	B	C	D	E

续表

序号	项目	没有压力	有点压力	一般	压力较大	压力很大
36	对自己的职业缺乏认同感	A	B	C	D	E
37	教师评优晋级困难	A	B	C	D	E
38	组织教学困难	A	B	C	D	E
39	学校或教育行政部门的管理较严，要求较多	A	B	C	D	E
40	学生对教师的期望太高	A	B	C	D	E
41	学生不礼貌，不守纪律	A	B	C	D	E
42	学校教学设备、办公条件较差，不能较好满足教师特别是对备课资源的需要	A	B	C	D	E
43	教师的住房等福利较其他行业解决得不够好	A	B	C	D	E
44	担心学生身心状况不足以应付考试	A	B	C	D	E
45	担心学生对自己不当的批评和议论、评价	A	B	C	D	E
46	学校人性化、民主化管理不够	A	B	C	D	E
47	学校主要用考试成绩来衡量教师工作水平和业绩	A	B	C	D	E
48	教师社会地位不高	A	B	C	D	E
49	工作太忙，与家人沟通不够	A	B	C	D	E
50	时常感到身心疲惫，工作效率不高	A	B	C	D	E
51	个人能力和素质得到提升的机会较少，影响自己适应新的教育形势	A	B	C	D	E
52	教育、教学效果不太理想	A	B	C	D	E
53	要花较多时间更新观念、钻研新课程、学习信息技术	A	B	C	D	E
54	有时不能较好地控制自己的情绪，影响教育教学效果	A	B	C	D	E
55	收入较其他家庭成员较低，经济地位受影响	A	B	C	D	E
56	缺乏进修和继续教育的机会	A	B	C	D	E
57	知识日新月异，自己有些跟不上形势	A	B	C	D	E

续表

序号	项目	没有压力	有点压力	一般	压力较大	压力很大
58	学生接受能力参差不齐，不能及时准确掌握所学知识，影响考试成绩	A	B	C	D	E
59	学生家长不理解教师工作	A	B	C	D	E
60	睡眠不足，质量不高	A	B	C	D	E
61	缺乏参与学校管理与决策的机会	A	B	C	D	E

注：您认为是否还有使您感到压力的与教师职业有关的其他因素？

附录三

尊敬的老师：

您好！欢迎您参与中学教师八周正念课程，感谢您填写此问卷。本问卷不涉及任何对您工作的评价与考核，恳请您根据个人真实情况填写。感谢您的支持与配合！

五因素正念度量表

说明：下面有39道描述有关身体状况的句子，请将其与你自己的真实情况的符合程度进行判断。用数字1～5代表每种描述与你自己真实情况符合的程度。1代表一点也不符合，2代表较少符合，3代表有些符合，4代表非常符合，5代表完全符合，请在与你最符合等级数字上面画"〇"。答案无对错、好坏之分，仅为帮助你了解自己而设定。

请如实回答，根据你的第一反应来填写，不要在各题上做过多思考。

序号	项目	1 一点也不符合	2 较少符合	3 有些符合	4 非常符合	5 完全符合
1	在行走时，我会有意关注身体部位在行进中的感觉	1	2	3	4	5
2	我擅长于用言语描述我的情感	1	2	3	4	5
3	我为自己有不理智的情绪或不合适的情绪而责备自己	1	2	3	4	5
4	我感受到了我的情绪和情感，但我不必对它们做出反应	1	2	3	4	5
5	在做事的时候，我经常走神，而且很容易被干扰	1	2	3	4	5

续表

序号	项目	1 一点也不符合	2 较少符合	3 有些符合	4 非常符合	5 完全符合
6	在洗澡时，我会留心于水淌过身体的感觉	1	2	3	4	5
7	我能清晰表达自己的信念、观点以及期望	1	2	3	4	5
8	我没有注意到我在做什么事，这是因为我在做白日梦，在担忧或分心于外界	1	2	3	4	5
9	我观察自己的情绪，而不迷失其中	1	2	3	4	5
10	我告诉自己，我不应该以我现在的这种方式来感受此时的情感	1	2	3	4	5
11	我留意到食物和饮料是如何影响着我的想法、身体的感觉和情绪的	1	2	3	4	5
12	我难以找到词语来表达我的所思所想	1	2	3	4	5
13	我很容易分心	1	2	3	4	5
14	我认为我的一些想法是异常的、不好的，我不应该那样想	1	2	3	4	5
15	我会注意我的一些感觉，比如：微风吹拂我的头发、阳光照在我的脸上的感觉	1	2	3	4	5
16	我很难用合适的言语来表达我对事物的感受	1	2	3	4	5
17	我会评判自己的想法是好的还是坏的	1	2	3	4	5
18	我难以把注意力集中在当前发生的事情上	1	2	3	4	5
19	当我有悲伤的想法或景象时，我会"退一步"，并去觉知那些想法或景象的存在而不被其所控制	1	2	3	4	5
20	我会注意一些声音，比如：时钟的滴答声、小鸟的唧喳声或者汽车穿梭的声音	1	2	3	4	5
21	在困难的情境下，我会暂停一下，不马上做出反应	1	2	3	4	5

续表

序号	项目	1 一点也不符合	2 较少符合	3 有些符合	4 非常符合	5 完全符合
22	当我身体有种感觉时,我很难找到合适的词语来描述它	1	2	3	4	5
23	我好像是自动地在做一些事情,并没有完全意识到它	1	2	3	4	5
24	通常,当我有令人伤感的想法或者景象时,我能很快恢复平静	1	2	3	4	5
25	我告诉我自己,我不应该思考我此刻正思考的东西	1	2	3	4	5
26	我闻到了周围一些东西的气味或者芳香	1	2	3	4	5
27	即便是我感到非常地不安时,我也能找到词语来表达它	1	2	3	4	5
28	我草草地做完一些事情,而没有真正地集中注意力在上面	1	2	3	4	5
29	当陷入令人烦恼的情绪或情境中时,我能做到只是去注意它们,而不做出相应的反应	1	2	3	4	5
30	我想有些情绪是不对的或者是不合适宜的,我不应该体验到它们	1	2	3	4	5
31	我注意到了艺术品和自然界中事物的一些视觉元素,如:颜色、形状、纹理,还有光和影子	1	2	3	4	5
32	我总是倾向于用词语来描述我的体验	1	2	3	4	5
33	当我有令人痛苦的想法或景象时,我通常只是去注意它们,顺其自然	1	2	3	4	5
34	我总是自动地工作或完成某项任务,而没有意识到我在做什么	1	2	3	4	5

续表

序号	项目	1 一点也不符合	2 较少符合	3 有些符合	4 非常符合	5 完全符合
35	当我有些令人困扰的想法或者景象时,我会根据我当时所想的内容或者脑海中出现的景象来判断自己是对还是错	1	2	3	4	5
36	我会去注意,我的情绪是如何影响我的想法和行为的	1	2	3	4	5
37	我通常能够非常详细地描述出我此刻的感觉	1	2	3	4	5
38	我发现自己做事情的时候,不专心在所做的事情上	1	2	3	4	5
39	当不理智的想法出现时,我会自我否决	1	2	3	4	5

附录四

积极情绪和消极情绪量表

这是一个由 20 个描述不同情感、情绪的词汇组成的量表，请阅读每一个词语并评估你近一个星期的情绪状况，数字 1～5 表示该情绪状态由少及多。请在符合真实情况的数字上打"√"。

序号	项目	几乎没有	比较少	中等程度	比较多	极其多
1	感兴趣的	1	2	3	4	5
2	心烦的	1	2	3	4	5
3	精神活力高的	1	2	3	4	5
4	心神不宁的	1	2	3	4	5
5	劲头足的	1	2	3	4	5
6	内疚的	1	2	3	4	5
7	恐惧的	1	2	3	4	5
8	敌意的	1	2	3	4	5
9	热情的	1	2	3	4	5
10	自豪的	1	2	3	4	5
11	易怒的	1	2	3	4	5
12	警觉性高的	1	2	3	4	5
13	害羞的	1	2	3	4	5
14	备受鼓舞的	1	2	3	4	5
15	紧张的	1	2	3	4	5
16	意志坚定的	1	2	3	4	5
17	注意力集中的	1	2	3	4	5
18	坐立不安的	1	2	3	4	5
19	有活力的	1	2	3	4	5
29	害怕的	1	2	3	4	5

附录五

生活满意度量表

这是一个描述生活满意度的量表,数字 1～7 表明每个句子与您的实际情况相符合的程度。请在符合真实情况的数字上打"√"。

序号	项目	1 非常不符合	2 比较不符合	3 有点不符合	4 不确定	5 有点符合	6 比较符合	7 非常符合
1	我的生活在大多数方面接近于我的理想							
2	我的生活条件很好							
3	我对我的生活满意							
4	到现在为止,我已经得到了在生活中我想要得到的重要的东西							
5	如果可以再活一次,我基本上不会做任何改变							

附录六

愉悦/不愉悦事件日历表

在愉悦/不愉悦事件发生时有意识地去关注（觉察）它。使用下面的问题将注意力集中到所发生的不愉悦事件的细节中去，然后记录下来。

体验了什么样的事件？	在这次的经历中，你的身体具体有什么样的感觉？	伴随着这一事件的发生，有哪些想法和图像出现	伴随着这一事件的发生，你有什么心境、感受和情绪？	现在，当你写下这些，你的内心里有什么样的想法？
周一				
周二				
周三				
周四				
周五				
周六				
周日				

（一）正念体验记录单

课程主题：愉悦事件日历表

	体验了什么样的事件？	在这次的经历中，你的身体具体有什么样的感觉？	伴随着这一事件的发生，有哪些想法和图像出现	伴随着这一事件的发生，你有什么心境，感受和情绪？	现在，当你写下这些，你的内心里有什么样的想法？
周一	和同行商量了一个工作的进展问题，把自己的困难说出来，如释重负	感觉到松了一口气，整个人没那么大的负担感	"啊！真好，沟通一下，放下来了。"	轻松，有力量	我很开心我能做出表达
周二	参加工会活动，投入到活动中的那一刻	感觉投入很开心	真好，真舒畅	愉悦的	很开心自己还是能全情投入
周三	和来访者展开作业的讨论，她告诉我正念吃饭的体验，令我欣喜	开心，欣慰	你真棒！你做到了	欣慰	开心，我的来访者能在正念获益
周四	学习弹简易钢琴	难，但还是想坚持	感觉自己能够愿意投入	喜欢自己	希望我能一直有好奇心
周五	支持丈夫和他朋友在小区吉他弹唱，宣传培训班，帮忙解说和发传单，得到街坊的肯定	开心，愉悦	我们可以的，一切刚刚好	愉悦的	愿我会一直这么乐活、投入
周六					
周日					

课程主题：不愉悦事件日历表

	体验了什么样的事件？	在这次的经历中，你的身体具体有什么样的感觉？	伴随着这一事件的发生，有哪些想法和图像出现	伴随着这一事件的发生，你有什么心境，感受和情绪？	现在，当你写下这些，你的内心里有什么样的想法？
周一	领导指令的必须完成的工作。我觉得不会有成效增加负担	上身发麻，颈肩疼	评价为不科学不现实做法。被压迫感	愤怒，有股气涌向头，胸口闷	各行其是，去尽力做就是了
周二	课堂上学生说话，不听讲，扰乱秩序	皱眉，胸闷，头胀	如见到苍蝇在周围	烦躁感，想赶走，避开，可恨	说话是他的事，提醒，等着他停下
周三	看到孩子不开心	心紧缩，心慌	有什么不开心、想帮助	紧张，担心，焦虑	他的事，他要学着面对，我只能陪伴
周四	想到有许多要完成的工作	头昏脑胀	一团乱麻，混乱感，眩晕	心乱，烦躁，压力感	清晰地写下来，一件件做
周五	做事情时被打扰	烦燥，不舒服	打扰快点结束，讨厌	不耐烦，被侵犯，想推开	自己也可能有打扰到别人的时候。被需要感
周六	看到同事先于自己完成任务，只剩下自己没做了	紧迫感	被落下的不自在，有点无力感	着急	急也没用，还有时间，我可以的
周日					

附录七

交流困难日志

在交流困难事件发生时有意识的去关注（觉察）它。使用下面的问题将注意力集中到所发生的不愉悦事件的细节中去，然后记录下来。

	体验了什么样的事件？	在这次的经历中，你的身体具体有什么样的感觉？	伴随着这一事件的发生，有哪些想法和图像出现	伴随着这一事件的发生，你有什么心境，感受和情绪？	现在，当你写下这些，你的内心里有什么样的想法？
周一					
周二					
周三					
周四					
周五					
周六					
周日					

课程主题：困难交流日志

	体验了什么样的事件？	在这次的经历中，你的身体具体有什么样的感觉？	伴随着这一事件的发生，有哪些想法和图像出现	伴随着这一事件的发生，你有什么心境，感受和情绪？	现在，当你卸下这些，你的内心里有什么样的想法？
周一	发一个ppt请人帮忙修改，说得很急用的，她说好就改，然后迟迟没有回应。催了一次，她说她忘了，马上弄，一个小时过去了，还是没反应	脑子乱糟糟的	怎么这么不负责任啊，既然做不到或者没时间做，干嘛不直接说呢	失望，失落，烦躁	不帮是本分，帮了是情分，也许感情没到吧，换个人找找吧
周二	与办公室同事说了，等下把会议准备工作安排了，我有事不参会，具体的事情都说了，一一交代学生助理做好就可以了，结果他竟然找了助理，然后命了一个主负责人，就走了！走了！	身体无力，呼吸加速	这人是听不懂人话么？要的是他负责，又不是助理负责	这人是确实没听懂还是确实想偷懒呢？如何做好事情呀	也许这就是本性吧，以后少给事情给他做，要不多给他事情做，总得磨出来的
周三	最近很忙，已经强调过了，但是一边说晓得你很辛苦，不安排你做事，一边给你很多事情做，晚上又是两个修改的文件	晕，呼吸骤慢，眼睛无神	怎么又这样，我也是人啊，凭什么	自我怀疑，烦躁	是不是我太不懂的拒绝了，所以才出现这样的情况？又是我

续表

	体验了什么样的事件？	在这次的经历中，你的身体具体有什么样的感觉？	伴随着这一事件的发生，有哪些想法和图像出现	伴随着这一事件的发生，你有什么心境，感受和情绪？	现在，当你卸下这些，你的内心里有什么样的想法？
周四	下午有事要出去，出门前临时加课，怎么拒绝都说不通	头疼，发晕	怎么就说不清呢，跟乱码一样	烦	又得有舍有得的，尽量做吧
周五	明明在之前聊天就说过明天晚上有课，还连着又问了两次，明晚干什么	头脑发热，呼吸加快	怎么有这样的人，故意的么	烦躁，怀疑，失望	也许是真不记得，也许大家都没那么重要吧
周六	又是同一个同事，很想放截图，希望他有基本的概念，办公室新换了大门钥匙，他单独跟我说哪些钥匙放在了哪里，我问他其他人知道么，他说不知道，我说那你告诉她们（办公室其他两位老师），然后他告诉了所有人（包括学生助理）	控制不住翻白眼，无力	这样真的好么？做事不用脑子么	无力，失去信心	真的带不出来啊，要不不管了
周日					

附录八

观察记录表

课程主体：	课程时间：

参与人员：

缺课人员：

教学过程：

教学难点：

课程作业：

附录九

教师访谈提纲

1. 你认为此次课程对你来说意味着什么？

2. 在家正念练习的感受如何？每周练习的次数和时长是多少？

3. 课程结束后你还会继续练习正念吗？

4. 你愿意把正念带入生活并和他人分享吗？

5. 你对本课程的建议是什么？